本专著出版得到了以下广东省科技计划项目的资助：
  广东省科技金融大数据分析重点实验室（2017B030301010）
  基于O2O模式的新型科技信贷服务平台建设（2017B080802004）
  广东省科技金融重点研究基地（2014B030303005）
  广东省科技企业信用融资与信用交易平台（2014B080807035）

本专著出版得到了以下广东省科技计划项目的资助：

广东省科技金融大数据分析重点实验室（2017B030301010）

基于O2O模式的新型科技信息服务平台建设（2017B080802004）

广东省科技金融重点研究基地（2014B030303005）

广东省科技企业信用信息资信用交易平台（2014B080807035）

基于系统性风险防范的商业银行资本计提研究

潘凌遥 著

中国财经出版传媒集团
中国财政经济出版社

图书在版编目（CIP）数据

基于系统性风险防范的商业银行资本计提研究／潘凌遥著．—北京：中国财政经济出版社，2018.11

ISBN 978-7-5095-8597-9

Ⅰ.①基⋯　Ⅱ.①潘⋯　Ⅲ.①商业银行-资本管理-风险管理-研究-中国　Ⅳ.①F832.33

中国版本图书馆 CIP 数据核字（2018）第 249772 号

责任编辑：郁东敏　　　　　责任印制：刘春年
封面设计：孙俪铭　　　　　责任校对：张　凡

中国财政经济出版社 出版

URL：http://www.cfeph.cn

E-mail：cfeph@cfeph.cn

（版权所有　翻印必究）

社址：北京市海淀区阜成路甲28号　邮政编码：100142

营销中心电话：010-88191537

北京时捷印刷有限公司印装　各地新华书店经销

710×1000毫米　16开　13.25印张　179 000字

2018年12月第1版　2018年12月北京第1次印刷

定价：68.00元

ISBN 978-7-5095-8597-9

（图书出现印装问题，本社负责调换）

本社质量投诉电话：010-88190744

打击盗版举报热线：010-88191661　QQ：2242791300

前言

爆发于美国的全球金融危机迅速蔓延至全球,其危害之大给各国的监管机构敲响了警钟。在危机发生以后,加强宏观审慎监管,防范银行业系统性风险成为了监管部门、金融机构,乃至公众的焦点和共识。《巴塞尔协议Ⅲ》提出了各种宏观审慎资本工具来应对银行业系统性风险,包括分别采用逆周期资本和系统重要性银行附加资本来针对系统性风险的时间、空间特征。2013年,中国银保监会在统筹考虑了《巴塞尔协议Ⅱ》和《巴塞尔协议Ⅲ》,发布《商业银行资本管理办法(试行)》,但尚没有出台完整的系统性风险资本监管框架。本书在这样的大背景下,分析系统性风险的形成机理以及《巴塞尔协议Ⅲ》宏观审慎资本工具的作用机理,进而分析《巴塞尔协议Ⅲ》系统性风险附加资本监管框架中存在的不足和矛盾,并在此基础上提出相应的解决思路和实现办法,最终形成一套较为完整的系统性风险附加资本监管框架。

作为系统性风险附加资本监管机制设计的前提和基础,本书对系统性风险的内在形成机理进行分析。《巴塞尔协议Ⅲ》作为银行业监管的标杆,其监管机制的设计理念可以对本书的研究带来启示,总结和归纳《巴塞尔协议Ⅲ》关于系统性风险防范的监管改革,并在内部评级法的视角下对《巴塞尔协议Ⅲ》宏观审慎资本监管工具的作用机理进行分析。

《巴塞尔协议Ⅲ》既要求加强宏观审慎监管,同时延续了《巴塞尔协议Ⅱ》精细化的经济资本管理框架，并且《巴塞尔协议Ⅲ》作为全球的监管标杆，其系统性风险防范的资本框架在中国的适用性问题也值得深思。在分析逆周期资本、系统重要性银行附加资本与经济资本管理之间存在的协调问题，以及《巴塞尔协议Ⅲ》逆周期资本计提框架与系统重要性附加资本计提框架中存在的不足的基础上，提出具有针对性的差异化系统性风险附加资本计提框架及实现的方式方法。

商业银行风险溢出的测算是系统重要性银行附加资本计提的前提。CoVaR方法可以用来考虑当银行出现极端情形时整个银行系统所处的风险水平，这与空间维度系统性风险的概念相吻合。通过采用中国上市商业银行的股票收益率数据与商业银行指数，用Copula函数拟合各商业银行收益率序列与商业银行指数收益率序列间的相依结构，进而计算各商业银行对银行体系的系统性风险贡献。结果发现，各银行之间的风险溢出效应存在较大的差别。根据《巴塞尔协议Ⅲ》所提额外资本对风险溢出的吸收作用，各商业银行资本水平的不同是导致系统性风险贡献度量结果的差异重要原因。

系统重要性银行附加资本的计提是为了应对商业银行对银行体系的潜在风险溢出，同时，系统重要性银行附加资本的计提水平是监管部门对商业银行提出的额外要求，这也意味着该资本的计提与监管部门的容忍度密切相关。本书将监管容忍度进行合理的假设，在不同的假设情景下研究商业银行系统重要性的评价与商业银行系统重要性银行附加资本的计提。研究表明，商业银行资本充足水平对银行的风险溢出效应存在较大影响，通过控制相同的风险溢出水平来对银行的资本充足水平进行评估，进而得到各商业银行的系统重要性，五大国有商业银行排在前列，其他股份制商业银行也存在风险溢出，溢出程度较国有商业银行小。监管容忍度的变化对于大型商业银行没有什么影响，但是对于股份制商业银行却存在较大区别。

逆周期资本计提方式方法也是差异化系统性风险附加资本计提框架中的重要内容。考虑到《巴塞尔协议Ⅲ》逆周期资本计提所依据的参考指标在中国可能存在适用性的问题，并且信贷顺周期性与银行风险顺周期性高度相关，本书设计逆周期资本的计提是从商业银行的风险角度展开，采用自上而下的经济资本度量方法测度银行风险水平，在测算出各商业银行经济资本的基础上，考察商业银行资产风险的周期性变化。实证分析表明，发现商业银行的资产风险受信贷波动的影响是显著的，而且信贷的小波动将给银行带来极大的风险。根据经济资本与信贷波动的关系，进一步建立逆周期资本计提机制。

资本监管所提出的资本要求是商业银行在未来某时点所需要具备的资本。这使得系统性风险附加资本监管框架必须具备相应的反馈机制，以考察商业银行在未来某时点是否可以达到监管要求。运用商业银行的核心一级资本充足率要求对银行违约率测算的 KMV 模型进行改进，并将其用于资本监管反馈环节。用改进 KMV 模型来测算商业银行的违约率，进而得到资本监管合规率指标。该模型采用商业银行的公开市场数据以及财务报表中的数据，不仅可以反映商业银行资产价值波动，也能反映其资产风险的大小。

鉴于我国银行业发展现状提出系统性风险附加资本计提框架实施的相关建议，本书认为我国应优化银行业内外部风险环境、夯实微观数据基础、拓宽资本补充渠道、建立公正透明的市场环境。

目录

第 1 章 绪论 … 1

1.1 研究背景和意义 … 3
1.1.1 研究背景 … 3
1.1.2 研究意义 … 5

1.2 基本概念及相关特征认识 … 7
1.2.1 银行业系统性风险与宏观审慎政策 … 7
1.2.2 系统性风险附加资本 … 10

1.3 研究综述 … 11
1.3.1 银行系统性风险相关综述 … 11
1.3.2 宏观审慎管理相关综述 … 16
1.3.3 系统性风险附加资本相关综述 … 20
1.3.4 文献的简要评述 … 22

1.4 研究内容和方法 … 22
1.4.1 总体研究框架 … 22
1.4.2 研究内容 … 25
1.4.3 研究方法 … 26

1.5 研究创新点 … 27
1.5.1 提出差异化系统性风险附加资本计提框架 … 27
1.5.2 提出基于 Copula - CoVaR 模型的商业银行风险溢出效应的测度方法 … 28
1.5.3 提出一种与商业银行风险溢出对应的系统重要性银行附加资本计提方法 … 28

1.5.4 从经济资本度量的视角设计我国银行业逆周期资本计提方式 ………………………………………………… 29
1.5.5 构建差异化系统性风险附加资本监管框架的反馈机制 …… 29

第2章 巴塞尔Ⅲ系统性风险防范的资本监管机制 ……………… 31
2.1 银行系统性风险的内在形成机理 ……………………………… 33
2.1.1 银行经营的内在脆弱性 ……………………………… 33
2.1.2 银行在经济上行期的行为 …………………………… 34
2.1.3 银行机构间的强连带性 ……………………………… 34
2.1.4 政策导向的失误 ……………………………………… 35
2.2 巴塞尔Ⅲ监管框架 ……………………………………………… 36
2.3 巴塞尔Ⅲ宏观审慎资本监管工具的作用机理 ……………… 40
2.3.1 内部评级法与系统性风险 …………………………… 40
2.3.2 杠杆率要求能有效控制模型风险 …………………… 44
2.3.3 留存超额资本的作用机理 …………………………… 45
2.3.4 逆周期资本要求拓展了内部资本计量模型 ………… 47
2.3.5 系统重要性银行附加资本要求应对资产关联性 …… 49
2.4 系统性风险资本监管机制一般设计原理 …………………… 50
2.4.1 系统性风险内生化 …………………………………… 51
2.4.2 抑制金融体系的顺周期性 …………………………… 53
2.4.3 资本监管差异化 ……………………………………… 54
2.5 本章小结 ………………………………………………………… 55

第3章 基于系统性风险防范的资本差异化监管思路 …………… 57
3.1 系统性风险附加资本监管协调问题 …………………………… 59
3.1.1 系统性风险附加资本管理与经济资本管理的协调问题 …… 60
3.1.2 系统性风险附加资本计提框架的不足 ……………… 64
3.2 差异化资本监管思路 …………………………………………… 67

3.2.1　问题分析 …………………………………………………… 67
　　3.2.2　资本监管新思路 ……………………………………………… 70
3.3　差异化系统性风险附加资本计提机制实现的基本思路 ………… 72
　　3.3.1　基于风险溢出效应测算的系统重要性银行附加资本的
　　　　　 计提 …………………………………………………………… 72
　　3.3.2　基于银行风险周期性的逆周期资本的计提 ………………… 74
　　3.3.3　资本监管的反馈 ……………………………………………… 76
3.4　本章小结 …………………………………………………………… 76

第4章　基于Copula-CoVaR模型的风险溢出效应的度量 ………… 79

4.1　Copula-CoVaR模型 ……………………………………………… 81
　　4.1.1　CoVaR模型 …………………………………………………… 81
　　4.1.2　Copula连接函数 ……………………………………………… 82
　　4.1.3　CoVaR的计算 ………………………………………………… 83
4.2　数据处理与分析 …………………………………………………… 84
　　4.2.1　数据来源与数据预处理 ……………………………………… 84
　　4.2.2　边缘分布的确定 ……………………………………………… 86
　　4.2.3　相关性检验 …………………………………………………… 90
4.3　Copula相依结构的确定 …………………………………………… 91
4.4　商业银行的系统性风险贡献的计算 ……………………………… 94
　　4.4.1　CoVaR的计算 ………………………………………………… 94
　　4.4.2　各商业银行的系统性风险贡献 ……………………………… 95
4.5　本章小结 …………………………………………………………… 97

第5章　基于风险溢出效应的系统重要性银行附加资本的计提 …… 99

5.1　系统重要性银行附加资本与银行系统重要性 …………………… 101
5.2　系统重要性银行附加资本计提的影响因素 ……………………… 102
　　5.2.1　商业银行的资本充足水平 …………………………………… 102

5.2.2　监管容忍度 ·· 103
5.3　不同监管容忍度下的风险溢出 ·································· 104
5.4　商业银行系统性重要性评价 ···································· 105
5.5　系统重要性银行附加资本的计提 ································ 110
5.6　本章小结 ·· 114

第6章　基于经济资本度量的逆周期资本的计提 ······················ 117
6.1　逆周期资本计提机制设计的研究思路 ···························· 119
6.2　经济资本度量模型 ·· 121
6.3　经济资本的测算 ·· 123
　　6.3.1　目标违约率的确定 ······································ 124
　　6.3.2　商业银行资产价值及其波动率 ···························· 124
　　6.3.3　经济资本的确定 ·· 125
6.4　经济资本的顺周期性分析 ······································ 127
　　6.4.1　各商业银行的经济资本 ·································· 127
　　6.4.2　宏观经济指标的选取 ···································· 129
　　6.4.3　回归分析 ·· 130
6.5　逆周期资本的计提 ·· 132
6.6　本章小结 ·· 136

第7章　基于监管门槛效应的资本计提的反馈 ························ 139
7.1　差异化系统性风险附加资本计提方案 ···························· 141
7.2　资本监管反馈机制构建的必要性及思路 ·························· 143
7.3　资本监管反馈模型的建立 ······································ 146
　　7.3.1　基于KMV的商业银行违约率测算 ·························· 146
　　7.3.2　模型的改进及资本监管合规率指标 ························ 148
7.4　仿真分析 ·· 151
7.5　商业银行资本监管合规率测算 ·································· 154

7.6　本章小结 …………………………………………………… 160

第8章　实施系统性风险附加资本计提框架的相关建议 ………… 163
　　8.1　夯实微观数据基础 …………………………………………… 165
　　　　8.1.1　银行内部并行统一风险资产口径 ………………… 166
　　　　8.1.2　建立银行数据库与信息共享机制 ………………… 166
　　8.2　拓宽资本补充渠道 …………………………………………… 167
　　　　8.2.1　发行一级资本工具 ………………………………… 168
　　　　8.2.2　发行二级资本工具 ………………………………… 169
　　8.3　优化银行内部风险管理环境 ………………………………… 170
　　　　8.3.1　从宏观审慎视角强化内部风险管理 ……………… 170
　　　　8.3.2　健全关联性业务的报告和审批流程 ……………… 171
　　8.4　建立公平透明的市场环境 …………………………………… 172
　　　　8.4.1　规范股市环境 ……………………………………… 173
　　　　8.4.2　营造和谐的监管环境 ……………………………… 174

结论 …………………………………………………………………… 175
参考文献 ……………………………………………………………… 178
附录A　Copula-CoVaR模型matlab程序 ………………………… 188
附录B　经济资本测算的matlab程序 ……………………………… 195
　　B1.　资产价值与资产波动率计算 ………………………………… 195
　　B2.　违约点与经济资本测算 ……………………………………… 196
附录C　资本监管合规率测算的matlab程序 ……………………… 197
　　C1.　同B1资产价值与资产波动的计算 ………………………… 197
　　C2.　资本监管合规率的测算 ……………………………………… 197

第 1 章

绪　论

1.1 研究背景和意义

1.1.1 研究背景

(1) 国际背景

2008年爆发的国际金融危机是自1933年经济大萧条以来破坏性和影响力最强的金融危机。危机爆发并迅速蔓延至全球,其危害之大给各国的监管机构敲响了警钟。长期以来,宏观金融管理高层过分坚持自由放任的思想,缺乏对系统性金融风险的认识,坚信"最少的监管就是最好的监管"的理念,导致监管缺失。在危机发生以后,加强金融监管再次成为政府、监管部门、金融机构,乃至公众的焦点,加强宏观审慎监管也成为各国监管部门的共识。此次的金融危机暴露出《巴塞尔协议Ⅱ》银行资本约束机制的系列不足,如:内部评级法所测算经济资本的顺周期性;银行所持有的资本并不足以覆盖经济下行期间所带来的非预期损失;各个银行资本吸收损失的能力不足;风险加权资产计量的范围不够充分等。2010年12月,巴塞尔委员会针对这些不足发布了《巴塞尔协议Ⅲ》。自此,一个新的银行资本监管标杆正式确立。在资本水平调控方面,《巴塞尔协议Ⅲ》的资本监管框架作了以下四个方面的改进:一重新界定了监管资本的构成,恢复普通股在监管资本中的核心地位,强化资本吸收损失的能力;二拓宽了风险的覆盖范围,将风险加权资产延伸至表外资产;三建立逆周期资本监管机制,当信贷增长过快及系统性风险迅速累积时,计提逆周期资本来确保银行体系有资本缓冲抵御未来的潜在损失;四是提高资本充足率监管标准。

《巴塞尔协议Ⅲ》为防范系统性风险所提出的宏观审慎资本监管框架是一个指导性的框架，每个国家以之作为参照，并根据本国的实际情况制定适应国情的监管框架。然而，在《巴塞尔协议Ⅲ》中，关于防范系统性风险的资本计提在实际操作过程中存在所需协调的问题。如，全球系统重要性银行的评估包含了银行国际活跃度、规模、关联性、可替代性和复杂性等方面的评估，系统重要性银行需计提更多的资本，主要目的是弱化银行风险的溢出效应，降低由单家银行经营失败演化为系统性金融危机的可能性；同时，《巴塞尔协议Ⅲ》中逆周期资本的计提是依据信贷/GDP的趋势来判定，为了应对信贷过度增长导致的系统性风险累积，二者针对的都是系统性风险，系统重要性银行附加资本针对系统性风险的空间特征，逆周期资本针对系统性风险的时间特征。虽说针对的是系统性风险的不同方面，但二者相互关联，针对系统重要性银行附加资本要求和逆周期资本要求分开设立不相关并且与系统性风险大小没有直接挂钩的计提方式有其不合理之处。如何建立一个符合本国国情，并能防范系统性风险的资本计提框架以及相应的协调机制值得各国监管部门探索。

(2) 国内背景

近年来，随着我国经济的快速发展，银行业的资产规模迅速攀升，但国内银行依然呈现出粗放型发展的态势，银行业扩张的速度和质量之间的平衡问题尚未得到有效解决。同时，我国银行业发展面临着一系列因国际和国内环境日趋复杂带来的新挑战。在经济新常态的大背景下，被经济高速增长所掩盖的矛盾和风险将暴露出来。比如，长期积累的房地产泡沫可能因为需求收缩导致破灭，地方的债权债务危机也可能因此而爆发等等。这些问题可能会演化为系统性风险。同时，中国证监会已经决定向银行发放券商牌照，混业经营已经成形，银行的混业经营使得单一银行违约和财务困境成本越来越少，却实际上增加了系统性风险发生的可能性。随着利率市场化快速推进和明显深入，利率总体水平将趋向上升，波动加大，利差收窄，资产和负债的利率变动将呈现非同步性；各类风险将相互影响，相互交织，互为因果，共同演绎系统性风险。在这样的国内大形势下,防范和控制系统性金融风险将显得愈加重要。2013 年,《商业银行资本管理办法(试行)》(以下简称《资本办法》)的推出标志着我国在监管改革上迈出了未雨绸缪的第一大步。2014 年,《商业银行流动性风险管理办法(试行)》的推出标志着我国监管改革的正在稳步向前推进。现阶段,我国银行业对银行监管呈现倒逼态势。就资产规模而言,我国商业银行如中国银行的全球系统重要性排名靠前,随着国际业务的不断拓展,将受到了国际国内双重监管标准的约束,如果我国的监管跟不上国际水平,很容易对我国银行在国际上的竞争力造成影响。金融改革深化与利率市场化的进一步推进使局势越来越复杂,增添了系统性风险防范的难度,也促使监管改革进一步加快推进的步伐。中国银保监会面对复杂局势,第一步首先是提高银行业自身的抗风险能力。我国商业银行的核心一级资本充足率指标底线为 5%,杠杆率监管红线为 4%,分别比 Basel Ⅲ 的要求要高 0.5% 和 1%,更严格的监管要求也为监管部门争取更多应对复杂局面的时间。针对系统性风险防范,"十二五"规划已明确提出要构建逆周期的金融宏观审慎管理制度框架,但尚未出台逆周期资本计提框架和系统重要性银行附加资本计提框架,接下来必然是健全和完善宏观审慎政策框架。宏观审慎政策框架的一个重要组成部分就是基于系统性风险防范的资本计提机制,以及建立宏观审慎管理与微观审慎管理协调配合、相互补充的机制。

1.1.2 研究意义

《巴塞尔协议Ⅲ》和《资本办法》明确要求将系统性风险纳入资本监管框架,并提出相应的宏观审慎资本要求,这些资本要求不仅是为了充分反映单家银行资产组合的特定风险,而且也能有效捕捉银行所面临的系统性风险因子,以增强单家银行乃至银行体系应对经济周期转换、金融市场过度波动和重大系统性风险事件的能力。因此,在系统性风险防范的视角下,商业银行和监管部门必须拓展风险的理念,将系统性风险纳入日常的风险管理和银行监管中。如何实现这些资本计提机制之间的协调;银行长期在微观审慎的框架下开展工作,如何将这些宏观审慎资本要求与微观审慎框架衔接契合等都是需要监管部门与银行深思的。根据《巴塞尔协议Ⅲ》,宏观审慎资本要求最终落实到每家银行都需要与银行的风险加权资产挂钩。目前,中国银保监会已经批准了五大国有商业银行以及招商银行可以实施资本管理高级方法,根据内部模型测算风险加权资产和资本要求,这涉及如何将防范系统性风险的资本要求与微观审慎中的经济资本管理框架有机结合。同时,监管部门应当考虑如何设计这些宏观审慎资本要求的计提方式,实现宏观审慎工具之间的协调。

资本监管的协调离不开对宏观审慎资本要求与经济资本管理协调问题的把握,只有清晰地认识到问题才能让我们有针对性地改进资本计提方式。《资本办法》所提出的逆周期资本要求和国内系统重要性银行附加资本要求直接体现了宏观审慎监管的核心要义,也是逆周期金融宏观审慎制度框架中的重要内容。我国系统重要性银行的评估标准和逆周期资本计提的框架尚未确立,所以研究如何合理设定逆周期资本监管机制与系统重要性银行附加资本计提机制,并且将这两个反映宏观审慎要义的资本要求与反映微观审慎要义的经济资本管理有机结合起来,具有很强的理论价值和现实意义。

鉴于此,本书拟对宏观审慎资本要求与经济资本管理之间的协调问题进行分析。按照系统性风险的时空划分,来确定系统重要性附加资本要求与逆周期资本要求。将防范系统性风险的系统重要性附加资本要求与逆周期资本要求联合起来。一方面,协调逆周期资本和系统重要性附加资本这两个防范系统性风险的资本要求;另一方面,为了将防范系统性风险的资本要求与经济资本管理框架进行对接,将资本与风险一一对应的理念渗透进来,与经济资本管理的理念相统一。

1.2 基本概念及相关特征认识

1.2.1 银行业系统性风险与宏观审慎政策

(1) 系统性风险

迄今为止,许多学者对银行业系统性风险进行了界定,但仍缺乏统一性。正如 James (2000) 所指出的,这是因为银行业系统性风险其所涵盖内容过于广泛,不同的视角下系统性风险的定义是有差异的。

Kaufman 和 Scott (2003) 认为,系统性风险指的是整个系统崩溃的可能性,主要针对的是系统各组成部分之间的相关性。包全永 (2005) 从广义和狭义两个层面理解银行系统性风险:广义的银行系统性风险是整个银行系统丧失基本功能的可能性;狭义的系统性风险则是主要银行经营失败带来的负外部性,由于它的经营失败使其他银行的生存受到影响。国际清算银行、金融稳定理事会和国际货币基金组织 (2009) 将系统性风险定义为由于金融体系整体或局部受到破坏导致不能维系金融服务,并对实体经济造成负面影响的可能性。与之类似,Hart 和 Zingales (2009)、Goodhart 和 Segoviano (2009) 也强调系统性风险对实体经济的冲击。国内研究学者张晓朴 (2010) 在综合已有研究成果的基础上,将系统性风险定义为整个金融体系崩溃或丧失功能的或然性,与单个金融机构风险或个体风险相比,系统性风险具有复杂性、突发性、传染快、波及广、危害大五个基本特征。

从这些关于系统性风险的定义中可以明显看到,金融危机前后,人们对系统性风险的认知正悄然发生着变化。在危机之前,系统性风险指的是各金融机构之间的关联性,集中于系统内部的传染,一个金融机构出现问题,其他机构也随之出现问题,体现的是系统性风险的空间属性;而在危机发生之后，系统性风险不仅仅局限于金融体系本身，强调的是系统的负外部性。金融体系由于系列事件丧失基本功能，导致金融体系之外的实体经济受到威胁。银行业作为一个系统，这些关于系统性风险的研究都可以具化到银行体系。银行业属于服务行业，通过银行业务的开展，各行各业交织在一起。当银行这一节点出现问题而丧失基本功能时，那么整体的经济运行都将受阻。

银行系统性风险属于极端风险的范畴，源头产生于银行体系。从发生的概率上看，系统性风险是小概率事件；从损失上看，系统性风险是指发生巨大损失的事件；从影响范围上看，系统性风险体现的是系统的概念，可以是对金融体系、整个国家，甚至是全球造成影响的事件。因此，可以将银行系统性风险定义为：由于银行的同质性以及业务关联性，银行体系内部或外部因素引发的系列事件使银行体系局部或整体受到破坏，进而导致金融服务中断，并且对经济运行带来负面影响的可能性。

（2）宏观审慎政策

金融危机爆发后，防范系统性风险是宏观审慎管理的目标，而系统性风险涉及面很广，极其复杂的特征决定了宏观审慎管理多种多样的内涵。同时，宏观审慎也是与微观审慎相对的概念，两者之间的联系与区别也赋予了宏观审慎管理更具体的含义。长期以来，银行业实施微观审慎管理，正因为与微观审慎相对，宏观审慎管理有了其独特的目标，也有了相应的管理机制与管理手段。人们对宏观审慎的认识经历了从"宏观审慎监管"到"宏观审慎管理"再到"宏观审慎政策框架体系"的演变。随着对系统性风险认识的提升，对宏观审慎概念的理解也层层递进。

早在20世纪70年代，国际清算银行就已经提出了单个金融机构的监管不足以维护金融稳定的观点，到了80年代，"宏观审慎监管"的提法正式在国际清算银行的公开文件中出现。亚洲金融危机爆发后，理论界和实务界慢慢地意识到宏观审慎监管的重要性，并对宏观审慎监管的内涵和框架做了较为深入的探索和研究。Crockett（2000）认为，宏观审慎监管至少需要包含三部分内容：一是识别系统性风险；二是降低系统性风险爆发的概率，建立更高的资本壁垒和针对系统性风险的监管措施；三是弱化系统性风险的负外部性，通过相关机制的设计达到降低危机冲击的目的。Borio（2003）对宏观审慎监管和微观审慎监管进行区分，认为宏观审慎监管应该具备时间和空间的特征。White（2004）从另外的角度对宏观审慎监管进行分类，他认为宏观审慎监管分为广义的宏观审慎监管和狭义的宏观审慎监管，广义的宏观审慎监管应该包括狭义的宏观审慎监管，还包括监管政策与货币政策等的协调。

金融危机以后，宏观审慎政策的概念进入了人们的视野。中国人民银行行长周小川（2010）强调，宏观审慎政策不能简单理解为是资本要求、资本缓冲、流动性、杠杆率等。宏观审慎政策首先是逆周期政策；其次是应对羊群效应等市场失效现象，使整个金融市场稳定运行，市场参与者也更为审慎；第三是制定和实施更为广泛的国际标准以应对全球化下金融市场迅速发展、金融产品和交易日趋复杂。

不管是宏观审慎监管还是宏观审慎管理或是宏观审慎政策，都围绕着"金融稳定"这一核心内容（夏斌，2010）。出现对宏观审慎不同的理解主要是因为对于宏观审慎政策的研究尚处于探索阶段。以宏观审慎政策目标为例，有些专家针对金融危机，认为宏观审慎政策的目标就在于防范和控制系统性危机的爆发，避免金融危机对宏观经济产生影响（Borio & Drehmann，2009；Brunnermeier，2009）。国际清算银行（2010）认为，宏观审慎管理的政策目标有两个：一是控制系统性风险的累积；二是要强化金融体系承受宏观经济衰退以及其他负面冲击的能力。还有的学者从系统性风险的时空特性出发，认为宏观审慎管理的目标是降低金融机构间相关特性以及金融机构资产的顺周期性（Caruana，2010）。而关于微观审慎的差异性，有的专家认为宏观审慎最突出的特点应该是着眼于整个金融体系，重点关注单体机构之间的相互作用及金融机构面临的共同风险（李文泓，2010；巴曙松等，2010）。虽然视角有所差异，但都是以防范系统性风险为目标，维持金融体系稳定、保护消费者权益、保障经济健康运行等是根据系统性风险防范派生出来的目标，这些派生的目标赋予了宏观审慎管理更为丰富的内涵。

总而言之，宏观审慎政策是一个开放的框架，其内涵将随着时间的推移不断丰富和深化。正如周小川在（2011）指出的："宏观审慎政策框架是一个以金融稳定为主、旨在防止系统性金融风险的动态发展的框架。"但目前而言，宏观审慎政策至少要包含针对微观审慎所暴露出来问题的改进。一方面，是防范系统性风险在金融体系内传播或者是减弱系统性风险带来的影响；另一方面，宏观审慎监管必须要解决随着时间累积，系统性风险不断扩大的问题。

1.2.2 系统性风险附加资本

风险资本的概念是在微观审慎的角度提出来的。从银行内部的视角出发，风险资本是银行应合理持有的资本，而从银行所有者和管理者的角度出发，风险资本就是用来承担非预期损失和保持正常经营所需的资本。具体而言，风险资本描述的是在一定的置信度水平上，一定时间内弥补银行的非预计损失所需要的资本。它是根据银行资产风险程度的大小计算出来。计算风险资本的前提是必须要对银行的风险进行模型化、量化。从风险资本的内涵中可以看出，风险资本针对的是银行内部的风险，并不能应对系统性风险，因此，在系统性风险防范的视角下，有必要拓展风险资本的概念。

金融危机后，系统性风险的防范受到各国监管部门重视。在系统性风险的认识上，一般将系统性风险分为两个维度：一个是时间维度，认为系统性风险会随着时间的推移不断累积；另一个则是空间维度，金融机构间错综复杂的债权债务关系。《巴塞尔协议Ⅲ》系统性风险防范的资本计提框架也正是从这两个维度来设计的。监管部门从金融体系整体稳健的目标出发，要求银行计提额外的资本，包括逆周期资本以及系统重要性银行附加资本。逆周期资本与系统重要性银行附加资本要求分别针对的是时间维度与空间维度的系统性风险。系统性风险的爆发是某一时点的事件，在该时点，时间维度的系统性风险累积到一定程度，空间维度的系统性风险也在某一水平，此时整体的系统性风险超出了某一系统节点的风险资本水平，进而形成多米诺骨牌效应，进一步放大后形成危机。在系统性风险爆发的时点上，监管部门要求银行所计提的逆周期资本以及系统重要性附加资本要求都为了吸收银行业整体对整个经济的负面影响。根据这两者都是为了防范系统性风险的目标，本书将其定义为系统性风险附加资本。一旦实现模型化、量化系统性风险，那么与风险资本一样，系统性风险附加资本也能进入日常风险管理框架中。

1.3 研究综述

1.3.1 银行系统性风险相关综述

1.3.1.1 系统性风险测度的相关综述

系统性风险防范建立在系统性风险的度量上。如何测度系统性风险成为金融理论与实务部门一项复杂且前沿的研究课题。

根据研究视角的不同，系统性风险的测度方法大致可以分为以下几类：

（1）基于宏观数据的测度方法。如 KLR 模型（Kaminsky、Lizondo & Reinhart, 1998）、FR 模型（Frankel & Rose, 1996）等。Borio（2009）也构建了宏观经济早期预警指标，并用来预测银行部门的危机发生的概率。

（2）基于银行间关联性的测度方法。IMF（2009）在金融稳定报告中详细介绍了四种基于关联研究法的测量系统性风险的模型：网络传导分析法（Allen & Babus, 2008）、共同风险模型法（Brunnermeier, 2009）、困境依赖矩阵（Segoviano & Goodhart, 2009）和违约强度模型法（Giesecke & Kim, 2009）。

（3）基于投资组合理论的测度方法。这种方法采用股票市场数据，把整个金融体系看作是各个金融机构组成的投资组合,用损失的波动(Avesani & Pascual,2006)、风险价值 VaR(Inui & Kijima,2005)、期望亏损 ES(Yamai et al,2005)、条件风险价值(CoVaR)、边际期望损失法(Brownlees & Engle,2010)等来衡量系统性风险。

(4)前瞻性的测度方法:未定权益分析法(CCA)(Gray,2007)。这种方法综合了财务报表数据和股票市场数据,是一种具有实用价值的最新研究成果。

金融危机发生前后,国内关于系统性风险的测度方法逐渐丰富。王辉(2011)以危机为界,将系统性测度方法分为传统的方法和近期的方法。传统的测度方法是通过分析一家机构破产倒闭引起系统内某一特定数量机构同时倒闭的可能性;近期的方法是将银行看作是一项资产和资产组合,来测度资产或资产组合的在险价值。马君潞(2007)利用矩阵法估算出我国银行间的传染风险,并分析了不同损失水平下单家和多家银行同时倒闭所引起传染性。刘春航、朱元倩(2011)结合国际上系统性风险度量的经验,分析了影响金融结构脆弱性的要素,并进一步构建了适合中国银行业系统性风险度量的框架。肖璞等(2012)采用 CoVaR 并结合分位数回归技术,量化了中国上市银行之间的风险已出效应及单个银行的系统性风险贡献率。宫晓琳(2012)、吴恒煜等(2013)运用未定权益分析法来度量我国银行业系统性风险。

金融危机以来,对于系统性风险测量的方法研究取得了一定的成果,但是由于系统性风险测量对数据和模型的要求很高,在方法上依然存在诸多不足。宏观经济分析法主要采用宏观经济数据进行拟合,样本内可信度较高,但是样本外的可信度值得考量。这种方法一般用于系统性风险的预警。网络结构分析法则主要是针对银行间的同业拆借数据。对于我国商业银行来说,银行之间的数据并不公开,通过熵最小获得的同业头寸,这种方法在我国的适用性值得商榷。CoVaR 方法是最新提出的一种系统性风险度量方法,利用公开市场数据就能对商业银行的溢出效应进行度量,这一点可以用于系统重要性银行评估（肖璞等，2012），但银行的溢出效应是否就是银行的系统性风险值得深思。

1.3.1.2 防范系统性风险的相关文献综述

系统性风险防范与宏观审慎管理是共生的概念，宏观审慎管理正是为了防范系统性风险提出。根据银行系统性风险的成因，其系统风险防范也渐次展开。

(1) 将系统性风险内生化

长期在微观审慎框架内开展工作，银行主体忽视了系统性风险的外部性特征。银行的内在脆弱性使得理性的银行选择低成本转移风险，却没有考虑实际风险承担者能否化解。站在整个宏观层面，风险依然存在却并没有消除。监管部门正是弥补了市场机制的缺陷，监督商业银行在风险管理的过程中将系统性风险囊括在内。监管部门可以采用一些监管手段约束银行的高杠杆操作以及期限错配。比如杠杆率监管，它要求商业银行将表内表外的资产全都考虑在内，防止商业银行过度将风险打包转移；Basel Ⅲ所提出的流动性监管指标能较为有效地控制银行的期限错配问题。委托—代理问题是商业银行公司治理结构不完善的表现，因此商业银行需要健全和完善公司治理结构，明晰产权。

(2) 逆周期监管

系统性风险之所以爆发是因为系统性风险的累积超出了系统的承受范围，银行在经济上行期的行为导致系统性风险累积。此次危机给人们的一个极其重要的警示就是金融体系具有顺周期性。李文泓（2009）探讨了宏观审慎监管框架下的逆周期政策。周小川（2011）认为逆周期特征是宏观审慎政策框架的主要特征，内容主要涵盖银行额外资本要求、流动性要求、拨备规则等。Basel Ⅲ要求商业银行计提留存超额资本、逆周期资本、前瞻性拨备等来缓解顺周期。逆周期资本及前瞻性拨备要求银行在经济繁荣的时候多计提资本和拨备，提高商业银行经营成本以限制信贷的快速扩张，阻断甚至防止系统性风险的累积。此外，银行正在实行资本留存的框架，在上行时期建立资本留存以备压力出现时吸收损失。

（3）应对关联性

系统性风险除了时间维度的特征外，还表现有横截面维度特征。Caruana（2010）将宏观审慎的目标定义为是通过处理金融机构共同暴露及其与金融周期的相互联系以降低系统性风险。在横截面维度，系统性风险防范就是要维护金融体系网络结构的稳定，关注金融机构相互关联和风险共担形成的金融网络的结构及变化（张健华、贾彦东，2012）。为了应对银行体系的关联性，就全球和国内的系统重要性银行提出了更严格的资本监管要求，同时也可以增强抵抗系统性风险事件的能力和防止道德风险。同时，为了处理银行过多共同风险暴露可能引起的合成谬误问题，我国《商业银行资本管理办法（试行）》在第二支柱的资本要求中，规定了监管部门针对一些特定的过于集中的贷款有权要求商业银行通过调整其风险权重、相关性系数、有效期限的方法来提高特定资产组合的资本要求。

（4）监管与货币政策改革

防范系统性风险依靠原有的监管体系是不行的，这就迫切要求监管部门进行监管改革，从防范系统性风险和维护金融稳定的视角出发建立宏观审慎监管框架体系。美国、英国以及欧盟等主要发达经济体已经在施行的金融监管改革方案，以及 Basel Ⅲ 的一致通过对全球范围监管体系的重建都有较为深远的影响。关于宏观审慎监管改革，李妍（2009，2010）、彭建刚（2011）都对改革的着眼点和改革的方式作了战略上的思考。在货币政策方面，马红霞、孙雪芬（2010）就货币政策与金融危机关系的相关研究进行评述，认为目前货币政策与金融危机的关系、未来货币政策的目标等在全球范围内还存有争议，尚未统一，但货币政策与系统性风险之间存在关系这一点毋庸置疑。在 2009 年中国金融论坛上，周小川针对我国国情，认为我国中央银行的货币政策应该是多目标制的，而货币政策工具则应当简化。就目前而言，经济学家和中央银行家一直在努力探索最合适的货币体系和货币政策。金融危机暴露出了现有货币体系的不足，也为货币体系和货币政策的变革提供了新的思路。

1.3.1.3 系统性风险管理机制相关综述

系统性风险管理机制尚处于胚胎时期，并没有正式发布相关监管文件。但是已经出现较多关于系统性风险管理机制的研究。张维（2005）对系统性金融风险控险机制的建设提出一些设想，提出的控险机制主要是预警机制。Repullo et al.（2009，2012）、Drehmann et al.（2010）、BCBS（2010）、李文泓等（2011）、田宝等（2012）、杨柳等（2012）在逆周期资本计提与释放机制上都进行了相关研究。

在宏观审慎政策框架下，系统性风险管理机制应当有事前、事中、事后的划分。"事前预防"主要是预警机制以及银行体系强化，"事中监督"包括监测与监督、压力测试以及反馈机制，"事后应对"包括救助机制与破产清算机制等。

事前预防机制从属于系统性风险防范，系统性风险防范中的逆周期机制、系统重要性附加资本计提机制、风险识别与预警机制是银行系统性风险预防机制中的重要内容。除此之外，当然还应包括健全和完善公司内部治理机构以及各个机制间的协调。比如系统重要性附加资本计提机制是针对系统性风险的空间属性，逆周期资本计提机制是针对系统性风险的时间特征，但是逆周期资本在计提的时候针对的是某一时点，也就是说此时资本针对的也是该时点下银行整体的系统性风险。Basel III中此两者是在不同的框架下计提，采用不同的框架是否合理，两者重叠部分又如何处理等问题都属于事前预防机制的范畴。

系统性风险防范具有突发性的特征，虽然事前预防中的各种机制可以增强银行抗风险的能力，并延缓或阻断系统性风险的累积过程，但智者千虑必有一失，为了降低失误的可能性，必须有相应的跟进机制与反馈机制，包括监管部门的监督、银行定期的压力测试以及与动态资本监管框架相匹配的反馈机制。监督机制要求监管部门站在整个经济运行以及保护存款者的角度限制银行的高风险行为，履行第二支柱监督检查的本职责任。值得一提的是，定期的压力测试使银行站在宏观层面考虑自身定位，将宏观经济因子与政策等宏观因素纳入银行的战略决策框架，掌握风险的传导机理，甄别新的风险源。

当系统性风险爆发的时候，特别是还存在危机救助机制的情况下，银行道德风险的存在会使公众利益受到侵蚀。从某种程度上讲，危机的发生就源于银行缺少对公众利益的考虑。政府救助一定要认清问题银行所存在的风险。如果风险在可控范围内，银行只是因为暂时的资金链条断裂，政府适当的救助能避免危机的发生，挽救整个市场。而一旦系统性风险以危机形式爆发，因为系统性风险有极强的传染性，虽然政府的救助能在一定程度上缓解危机的恶化速度，但不能遏制危机的蔓延。此时，政府应当建立对问题银行的破产清算机制，对风险不在控制范围的银行以破产处理。一方面，没有了政府兜底的保证，银行的道德风险能得到扼制；另一方面，当机立断地控制住传染源，以免危机局面不断扩大。

1.3.2 宏观审慎管理相关综述

从前文可知，国内外不管是理论界还是实务界尚不能很好地定义系统性风险。按照现代风险管理理论，风险是指未来遭受损失的可能性，其核心是要求损失分布可计量（Jorion，2007）；如果损失分布不可计量，那么还不能称为风险，而是奈特式不确定性。与信用风险、操作风险还有市场风险相比，系统性风险目前更接近于奈特式不确定性，因此宏观审慎管理容易失之宽泛（谢平等，2010）。金融危机的爆发带给各国监管部门诸多启示，其中的一个共识就是要加强宏观审慎管理。金融危机以后，关于宏观审慎管理的相关研究开始不断涌现，宏观审慎管理框架也被不断扩充。

1.3.2.1 宏观审慎管理的理论基础

与微观审慎监管关注个体理性相对，宏观审慎管理更加强调一般均衡，将整个金融系统作为一个整体。Crockett（2000）提出宏观审慎管理应该关注两个方面，并且针对这两个方面有不同的政策：一是风险如何随时间的推移不断演变，对此建立逆周期资本缓冲机制；二是风险在金融体系内部任何时点是如何分布的，特别是具有系统重要性的金融机构。宏观审慎的几个要素在金融危机前就已经基本成形，包括宏观审慎管理的目标是控制系统性风险，促进金融体系稳定；宏观审慎管理需要分为时间和空间两个维度展开；监管标准在机构之间要差异化，随经济周期动态变化而变化。而对于宏观审慎管理的理论研究一般分为两种视角：一种是从宏观审慎的目的出发，即防范系统性风险；另一种则是从金融危机带来的启示着手，围绕宏观审慎管理与微观审慎监管之间的联系对微观审慎尽管进行拓展。前者在上述关于系统性风险防范中已经有所涉及，因为宏观审慎管理针对系统性风险，应当先定义什么是系统性风险，然后再定义什么是宏观审慎管理及其框架，但因为目前尚不能识别系统性风险，这一视角切入存在障碍，其中以 Taylor（2009）为代表。Taylor 认为，系统性风险有三个要素：第一个是风险触发事件；第二个是风险传导机制；第三个是金融风险对实体经济的影响。他认为，目前比较成熟的方法是针对有直接金融联系的风险传导机制，比如网络结构模型，但是银行间敞口的可靠数据少，相关计量工作有较大障碍。黄聪、贾彦东（2010）认为，以金融系统内个体间相互连接构成的网络为对象，立足于金融网络结构的稳定性分析，并以此视角对整个金融体系的系统性风险状况进行监测、预警与分析，是推进我国宏观审慎管理制度建立的关键。另一种则是针对危机中暴露出来的微观审慎监管的不足进行补充。在系统性风险计量发展未完善前，这种方法应该是比较有效的。最具代表性的自然是巴塞尔委员会提出的《巴塞尔协议Ⅲ》。这一视角主要是建立在 Crockett（2000）和 Borio（2003）对系统性风险在时间、空间两个维度进行划分的基础上。李妍（2009）在分析系统性风险特征以及微观审慎不足的基础上，论证了宏观审慎管理框架建立的必要性。她认为，金融自由化与全球化所带来的一些创新过度、市场波动等问题，微观审慎机制显得无能为力。范小云、王道平

(2013)认为,《巴塞尔协议Ⅲ》针对监管理论最大的改革在于将宏观审慎监管与微观审慎监管有机结合起来。谢平、邹传伟(2013)在综合分析系统性风险的文献后认为,将系统性风险"化整为零",在剔除银行之间以及银行体系与实体经济之间的相互作用和动态反馈后,单个银行层面的系统性风险主要通过三种外部性起作用:信用风险的外部性、流动性风险的外部性和信贷供给的外部性,并对《巴塞尔协议Ⅲ》的系统重要性附加资本要求与逆周期资本缓冲的经济学合理性进行了证明。

1.3.2.2 构建宏观审慎管理框架

宏观审慎管理对金融监管提出了新的挑战。宏观审慎管理的内容包括:如何既保证宏观审慎管理政策的执行力,又不改变经济周期,不影响金融发展;如何应对金融机构共同的风险敞口;如何将宏观审慎政策工具有机组合等(Kamgna,2009)。

Bernnanke(2009)认为,宏观审慎管理不仅要关注微观金融机构的行为,还要有效检测系统性金融风险,尤其是跨市场、跨机构、跨区域的金融风险。此外,宏观审慎管理还需关注金融机构内部、金融机构间、金融机构与实体经济间的联系及风险传导。彭建刚、吕志华(2012)认为,我国金融业宏观审慎管理制度框架体系应包含逆周期的宏观调控机制、宏观审慎管理与微观审慎管理相结合的金融机构监管机制、系统性风险的动态预警机制三方面。在此前,关于宏观审慎管理框架,学者们主要是围绕着与微观审慎监管的区别进行探讨,如 Knight(2006)、Brouwer(2009)。特别地,许多学者认为宏观审慎管理还应关注宏观审慎政策与财政政策、货币政策的配合,并对宏观审慎政策与货币政策之间的关系进行分析。

针对系统性风险,宏观审慎框架必须包含两方面内容:一个是时间维度的逆周期宏观审慎框架;另一个则是空间维度的宏观审慎框架。

时间维度的宏观审慎管理框架从系统性风险的时间维度计量开始。逆周期宏观审慎框架包含了对于金融体系顺周期性形成机制的研究,以及在此基础上所提出来的缓解和限制金融机构顺周期行为的逆周期调控机制。金融体系顺周期形成原因包括金融市场的不完全（Bernanke，1989）、资本监管的顺周期性（FSA，2009）、贷款损失准备的顺周期性（Birio，2001）、公允价值的顺周期性（IMF，2008）。针对这些源于金融体系内部顺周期性的系统性风险，时间维度的宏观审慎框架包含的主要内容包括：改善风险计量模型，使用跨周期评级来估算违约概率和使用经济衰退期的违约损失率等；引入逆周期的资本调节机制，在经济上行期增加资本以建立资本缓冲，使其在经济下滑、贷款损失增加时维持银行的资本充足；更具前瞻性的拨备和在会计准则，所提较多的是采用跨周期的拨备计提方式来提高拨备的前瞻性（G20，2009；IMF，2009；De Larosiere et al.，2009）；引入杠杆率这一兼具微观审慎和宏观审慎管理目标的工具，与内部评级法相互补充，控制模型风险。对于逆周期资本，Goodhart等（2008）认为由于资产负债表并不能真实反映银行的风险，应将逆周期资本与银行资产价值的增长相联系。

空间维度的宏观审慎管理框架包含的内容有：空间维度系统性风险的计量，系统内性风险的传染机制，在此基础上提出抑制系统性风险在金融体系集中分布和蔓延的跨行业调控机制。Elsinger et al.（2006）认为，空间维度的系统性风险主要来自金融机构之间相关的风险暴露和相互信用关系。Amromin et al.（2009）也认同这一观点，并用外部性的理论解释了跨机构风险，单家金融机构对金融体系内其他机构存在风险溢出效应，当该机构经营失败时会对其他机构造成影响。而 V. Saporta et al.（2009）从集体行为的角度解释了空间维度系统性风险爆发的原因，从单家金融机构的视角抛售资产可能是审慎的，但是集体抛售资产的行为是导致系统性风险爆发的主要原因。因此，空间维度的宏观审慎制度框架的研究主要集中在对加强金融机构共同风险敞口的监管。加强宏观审慎分析，尽早发现风险相对集中、系统性风险的触发点，对其提高监管要求；加强对系统重要性金融机构的监管。此次危机一个重要原因就是系统重要性金融机构未能得到有效监管，"太大或太过关联而不能倒"，政府显性或隐性的担保导致系统重要性金融机构过度涉险；

金融机构的保险机制的建立以及对系统重要性金融征收系统税的机制（Acharya、Richardson，2009）等。

1.3.3 系统性风险附加资本相关综述

目前尚没有关于系统性风险附加资本的计提框架，根据前文关于系统性风险附加资本的定义以及按照《巴塞尔协议Ⅲ》的指引，系统性风险附加资本的相关研究综述可以分为逆周期资本和系统重要性银行附加资本两个方面。

1.3.3.1 逆周期资本的相关研究综述

巴塞尔委员会提出的《各国监管部门实施逆周期资本缓冲指引》中关于逆周期资本计提框架，各国监管部门可以根据信贷/GDP 指标的波动项来计提 0～2.5% 的逆周期资本比例。目前绝大多数关于逆周期资本的研究围绕该指引展开，这是集中于信贷/GDP 指标是否有效的视角。

Drehmann（2010）检验了 GDP 增速、信贷增速、信贷占 GDP 的比重、资产价格、银行税前利润和信用价差等变量在预测时间维度系统性风险的有效性，发现信贷占 GDP 的比重与其长期趋势的偏离值在预测 67% 以上的金融危机时所具有的信号噪音比最小，可以作为系统性风险的预测指标。李文泓（2011）、田宝（2012）、杨柳（2012）对该指标在中国的适用性进行分析，认为信贷/GDP 的偏离度指标在中国具有一定的可行性，有助于提高宏观审慎政策的前瞻性和有效性。Edge 和 Meisenzahl（2011）的研究则认为，信贷与 GDP 的比值与长期趋势的偏离值的计算结果随样本期限、参数平滑因子取值等的变化会呈现出较大的差异，这直接会影响逆周期资本计提的有效性。Repullo 和 Saurina（2011）应用美国、英国、法国、德国等国家的宏观经济和信贷数据进行实证分析，认为信贷/GDP 与长期趋势的偏离值与经济周期变量之间具有很强的负相关性。这意味着在经济上行期偏离值下降，逆周期资本的计提程度不足，无法有效抑制银行信贷的过度增长。李文泓（2011）

认为，实际信贷增长率和信贷/GDP比率指标在经济下行期下降速度过慢，用该指标预测资本释放时机的功能较弱。高国华（2013）在总结和分析已有文献的基础上，认为金融监管定量分析中缺乏对宏观金融层面风险和社会整体信用融资水平的结构分析，他构建了多层次、多维度的宏观系统性风险度量指标框架，以此作为逆周期资本计提和释放的依据。

1.3.3.2 系统重要性银行附加资本的相关研究

系统重要性银行附加资本的计提是建立在系统重要性银行评估的基础上。目前尚没有直接关于系统重要性附加资本的研究，研究基本上都围绕着如何评估系统重要性银行展开。根据《系统重要性金融机构、市场与工具评估指引》，系统重要性银行的评估应该考虑直接和间接的影响因素，包括银行的规模、可替代性、关联性、复杂性等内容。美国《金融监管改革框架》关于系统重要性银行的界定有三个方面：一是个体与体系之间的相互依存度；二是银行的规模、杠杆比率以及对短期融资的依赖程度；三是在借贷者中的地位以及金融体系流动性来源的重要性。《巴塞尔协议Ⅲ》从银行国际活跃度、规模、关联性、可替代性和复杂性五个方面来评估银行的系统重要性。Adrian 和 Brunnermeier（2009）将 CoVaR 定义为某个金融机构陷入危机条件下整个金融体系的在险价值（VaR），该金融机构的 CoVaR 与金融体系 VaR 的差值就是金融机构对于金融体系的风险贡献，根据风险贡献的大小就能评价金融机构的系统重要性。Mistrulli（2010）采用银行间的实际数据对意大利各商业银行的系统重要性进行分析。Zhou（2010）提出了"系统性重要指数"的概念，测算在银行体系内某一特定银行破产导致其他银行出现危机的期望数目，并将其作为系统重要性银行评价的依据。彭建刚、马亚芳（2013）从系统整体出发，考察系统外部冲击和系统内部传染两种诱因作用下银行业的系统性风险。在此基础上，利用 Shapely 值方法计算各银行对系统性风险的贡献，以此评估各银行的系统重要性。

1.3.4 文献的简要评述

在对现有文献进行梳理中发现，将系统性风险按时空特征分为两个部分是大家都比较推崇的，系统性风险在时间维度上的累积主要是源于金融体系的顺周期性，而系统性风险在空间维度上蔓延却是源于金融机构之间共同的风险敞口以及相互之间存在的债权债务关系。针对系统性风险的内涵，较为一致的观点是引入逆周期资本调控机制、前瞻性的拨备计提机制、杠杆率指标等来实现对金融机构顺周期性的限制，切断系统性风险在时间维度上的累积机制。另一方面，加强对金融机构共同风险敞口以及系统重要性金融机构的监管，通过把风险控制在金融机构内部或单一市场来切断系统性风险的空间扩散路径。系统性风险是一个整体，虽然目前研究很多，但是仍然存在值得完善和探索的地方。系统重要性银行附加资本的计提是为了降低银行对于系统的风险溢出效应，但是就目前的研究而言，并没有较为精准的度量框架。关于逆周期资本的计提，参考指标的适用性研究并没有把握银行快速发放的根本原因。在全球范围内，系统性风险附加资本的计提尚处于探索阶段，而且系统性风险附加资本计提机制的研究对于宏观审慎框架的完善有着重要意义，特别是对我国建立宏观审慎管理框架具有十分重要的借鉴意义。本书旨在建立一套系统性风险附加资本的计提机制，探索时间维度和空间维度的系统性风险附加资本计提方法、更具合理性的逆周期资本和系统重要性银行附加资本计提框架，最终从资本监管的视角建立系统性风险附加资本计提的反馈机制。

1.4 研究内容和方法

1.4.1 总体研究框架

本书的目的在于设计系统性风险防范视角下的商业银行资本监管机制。

首先，界定系统性风险、宏观审慎管理及系统性风险附加资本的内涵。系统性风险附加资本包括系统重要性银行附加资本以及逆周期资本两个部分。先从金融危机的视角把握系统性风险的形成机理，再对《巴塞尔协议Ⅲ》系统性风险防范理念与宏观审慎管理手段进行梳理。在商业银行实施内部评级法的视角下对《巴塞尔协议Ⅲ》宏观审慎资本监管工具的作用机理进行剖析。进一步地，思考和挖掘《巴塞尔协议Ⅲ》系统性风险附加资本计提框架存在的不足，以及系统性风险附加资本要求与微观审慎的核心经济资本管理之间的协调问题，进而提出差异化资本计提的新思路。针对系统重要性银行附加资本计提框架所存在的不足，拟在把握单家银行与银行系统之间关系的基础上，测算出单家银行对银行体系的风险溢出，并根据各商业银行风险溢出效应的差异确定系统重要性银行附加资本要求。这一资本要求的确定过程，可以使监管部门与社会大众了解银行业所面临的系统性风险，知道单家银行的风险承担与风险溢出，更好地对银行进行监督。针对逆周期资本计提机制的不足，考虑信贷发放与银行风险水平之间的关联性，从银行风险周期性变化的视角设计逆周期资本计提机制，使得逆周期资本的计提更具合理性。最后，为了考察系统性风险附加资本计提框架实施的效果，根据所设计的系统重要性附加资本以及逆周期资本计提框架，计算出各商业银行所需的系统性风险附加资本，在此基础上构建相应的资本监管合规率。资本监管合规率的设计，商业银行业可以知道自身所面临的风险大小，为其风险管理水平的提高起推动与鞭策作用，监管部门也可以在资本层面达到防范系统性风险的目标。最后就加强和普及我国银行业系统性风险附加资本计提框架提出了系列建议。

  本书的总体研究框架如图 1.1 所示：

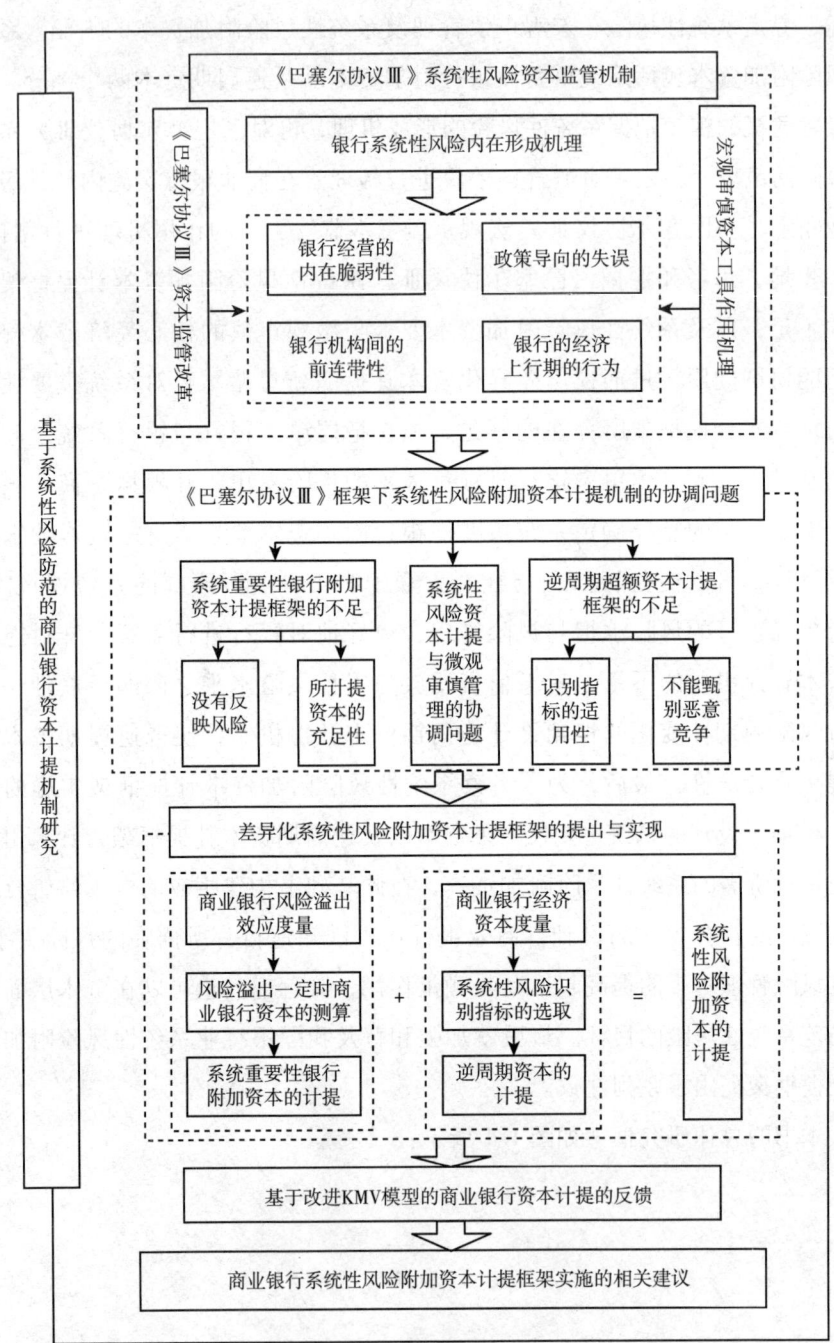

图 1.1 总体研究框架路线图

1.4.2 研究内容

各章研究内容安排如下:

第1章,介绍选题背景及意义,梳理系统性风险、宏观审慎管理以及系统性风险附加资本的相关研究文献,明确研究基本框架,总结研究方法及创新点。

第2章,探讨银行系统性风险的形成机理,对《巴塞尔协议Ⅲ》中针对系统性风险防范的监管改革进行梳理,最后从商业银行实施内部评级法的角度对宏观审慎资本工具的作用机理进行剖析,并整理了系统性风险附加资本监管机制设计的一般原理。

第3章,从商业银行资本管理层面上讲,宏观审慎管理与微观审慎管理需要协调和对接。本章主要是对《巴塞尔协议Ⅲ》系统性风险附加资本计提机制存在的不足及其与经济资本管理的协调问题进行深入分析,对《巴塞尔协议Ⅲ》系统风险附加资本的计提框架进行改进,提出差异化系统性风险附加资本计提框架,并阐述系统性风险附加资本计提的实现思路。

第4章,提出了基于Copula-CoVaR模型的银行系统性风险风险溢出计算方法。先对Copula-CoVaR模型进行介绍,进一步用Copula函数来拟合各上市银行与银行业整体之间的关系,最后采用CoVaR模型测算商业银行对银行体系的风险溢出效应。

第5章,考虑到额外资本对于溢出风险的吸收作用,在每家银行对银行系统风险溢出水平一致的情形下,对商业银行的资本充足水平进行测算,并根据资本充足水平的结果对商业银行的系统重要性进行排序,进而确定不同系统重要性的商业银行吸收系统性风险贡献所需的资本,即商业银行的系统重要性银行附加资本。

第6章,将逆周期资本的计提纳入商业银行日常风险管理框架,并使逆周期资本的计提更为合理。采用中国上市商业银行的数据,从自上而下计算出经济资本所表示的商业银行资产风险。将经济资本与经济周期和信贷周期的关系进行回归分析，在此基础上，根据信贷增长率波动设计我国银行业逆周期资本计提方式，并对逆周期资本计提的效果进行分析。

第7章，根据系统重要性银行附加资本计提方案以及逆周期资本计提方案，按照差异化系统性风险附加资本计提框架对系统性风险附加资本要求进行计算，进而设计商业银行系统性风险附加资本计提的反馈机制。主要是将资本监管引入用于测算违约率的 KMV 模型中，得到资本监管合规率指标，用资本监管合规率指标对各商业银行在更严格资本监管下的合规情况进行监控。

第8章，结合我国国情，就如何实施该系统性风险附加资本监管框架提出若干建议。

1.4.3 研究方法

（1）实证分析方法与计算机模拟方法相结合

实证分析通过寻求真实数据背后的规律，借此了解并掌握研究对象的客观真实情况。系统重要性银行附加资本计提机制的设计，应立足于现实，因此书中刻画商业银行与银行体系之间的关系、经济资本的测算中采用实证分析，希望借此最大程度反映现实规律。与此同时，由于数据样本有限，运用历史样本数据不能很好地实现系统重要性银行附加资本的计提，因此采用计算机模拟方法，运用所得到的相关关系模型模拟数据，进而利用这些数据得出对应的收益率分布情况。

（2）理论研究和方法研究并重

由于宏观审慎框架和系统性风险防范尚处于探索阶段，特别是在我国商业银行才开始使用内部评级高级法，因此系统性风险附加资本计提机制的研究缺乏相对扎实的理论基础，只能从现有的文件出发，从理论层面剖析宏观审慎资本工具的作用机理，并对其中存在的矛盾深入分析，提出改进的系统性风险防范资本计提框架。在研究过程中，由于内部评级法是基于 VaR 理论设计，因此在方法的选择上，选择与其一脉相承的 CoVaR 方法。考虑到自下而上经济资本测算方法的可操作性，本文采用此法。最后在反馈机制的设计上，设计了一种可以对高风险银行进行监控的方法。本书提出基于系统性风险防范的银行系统性风险计提机制的研究，有利于提升系统性风险附加资本计提的理论高度，并且机制的设计也能提升该研究的应用性和技术性。

（3）比较分析方法

系统性风险表现出来的空间特征决定了我们需要采用差异化的资本监管方式。研究过程中，将不同银行之间，特别是对银行的系统重要性等级进行分类，对分类后的银行进行资本要求计算。另一方面，关于资本监管下的反馈机制设计，也围绕不同等级的银行进行分类监管，对不同的银行类别进行比较分析。

（4）归纳分析和演绎分析相结合

采用归纳分析方法，解释银行系统性风险一般形成机理，对内部评级法下宏观审慎资本监管工具的作用机理进行分析和总结，进而分析宏观审慎资本要求与微观审慎管理之间存在的矛盾，并对矛盾的内在逻辑进行深入分析；采用演绎分析方法，根据现有系统性风险附加资本监管框架体系推导出差异化的资本监管模式，并对该模式下构建流程与技术难点进行总结和分析。

1.5 研究创新点

1.5.1 提出差异化系统性风险附加资本计提框架

《巴塞尔协议Ⅲ》针对危机中所暴露出来的不足提出了相应的宏观审慎资本要求，本书在商业银行实行内部评级法的基础上分析这些宏观审慎资本工具的作用机理，赋予宏观审慎资本工具更深层次的内涵。宏观审慎资本工具中的系统重要性附加资本要求以及逆周期资本要求，是分别针对空间维度的系统性风险和时间维度的系统性风险，然而这两个指标都没有与风险的大小挂钩，在商业银行实行微观审慎的经济资本管理时会表现出一些不足。如逆周期资本管理在商业银行实行经济资本管理时不能达到预期效果，系统重要性附加资本是否足以应对商业银行的风险溢出等。针对这些不足，应提出差异化的资本监管框架，要求商业银行根据自身的系统性风险贡献来计提资本。

1.5.2 提出基于 Copula – CoVaR 模型的商业银行风险溢出效应的测度方法

系统重要性银行附加资本计提的首要任务就是度量商业银行对于银行体系的风险溢出，通过采用 13 家上市银行的股票收益率数据与商业银行指数，用 Copula 函数拟合各商业银行收益率序列与商业银行指数收益率序列间的相依结构，然后再通过 Monte Carlo 模拟得到符合相应相依结构的累积概率，进而得到在一定置信水平下商业银行风险溢出的大小。结果发现，各商业银行之间的风险溢出效应存在较大的差别。

1.5.3 提出一种与商业银行风险溢出对应的系统重要性银行附加资本计提方法

商业银行的资本充足水平对银行的风险溢出效应存在较大影响，通过控制各商业银行相同的风险溢出水平，将风险溢出的缺口通过股权变化的形式反映到资本的变化中，进而实现对银行的资本充足水平的重新评估。在此基础上，得到各商业银行的系统重要性附加资本。研究发现，五大国有商业银行所需的系统重要性附加资本排在前列，其他股份制商业银行也存在风险溢出，需要计提系统重要性银行附加资本。此外，监管容忍度的变化对于大型商业银行所需计提的系统重要性银行附加资本的变化没有什么影响，但是对于股份制商业银行来说存在较大区别。

1.5.4 从经济资本度量的视角设计我国银行业逆周期资本计提方式

为了将逆周期资本的计提纳入商业银行日常风险管理框架，并使逆周期资本的计提更为合理，针对逆周期资本计提参考指标信贷/GDP在我国的适用性问题，采用中国上市商业银行的数据，从自上而下视角计算出经济资本所表示的商业银行资产风险。将经济资本与经济周期和信贷周期的关系进行回归分析，发现商业银行风险变化的直接原因是信贷增长率的波动项。在此基础上，根据信贷增长率波动项设计了我国银行业逆周期资本计提方式，并对逆周期资本计提的效果进行了分析，分析表明，监管部门设置逆周期资本计提比例的上限2.5%有其价值所在，既不会使银行觉得资本要求过于苛刻，又能为监管部门开展监管工作提供更大的空间。

1.5.5 构建差异化系统性风险附加资本监管框架的反馈机制

根据系统重要性银行附加资本计提机制和逆周期资本计提机制，得到系统性风险附加资本计提方案。在资本监管反馈机制构建的必要性及思路分析的基础上，根据核心一级资本充足率监管指标对风险敏感的KMV模型进行改进，得到资本监管门槛下的反馈指标资本监管合规率，根据资本监管合规率指标实现对商业银行风险变化的甄别，并作为考察未来商业银行是否能够达到监管标准的依据。

第 2 章
巴塞尔Ⅲ系统性风险防范的资本监管机制

本部分目标在于从系统性风险防范的角度研究资本的计提，而作为前提，必须对系统性风险的内在形成机理进行分析，在此基础上，《巴塞尔协议Ⅲ》作为银行业监管的标杆，其资本监管机制的设计理念可以对本研究带来启示。总结和归纳《巴塞尔协议Ⅲ》关于防范系统性风险的监管改革，进一步探讨银行业宏观审慎资本监管机制设计原理。

2.1 银行系统性风险的内在形成机理

纵观国内外关于系统性风险形成机理的研究，主要集中于对金融危机的成因分析。但是，金融危机与系统性风险并不是等价的概念，金融危机可以说是系统性风险一种特殊状态。正如张晓朴（2010）所述，金融危机是一个取值非"是"即"否"的亚变量，系统性风险是连续的，在银行经营过程中时时存在。1991年，时任美国联邦储备银行行长科里根曾言，系统性风险是银行区别于加油站和家具店的最重要特征。这说明系统性风险是由银行自身属性所决定的。从银行内在属性出发对银行系统性风险成因进行分析，可分为四个方面：银行的内在脆弱性、银行在经济上行期的行为、银行间的强连带性以及宏观政策的失误。

2.1.1 银行经营的内在脆弱性

银行的脆弱性是指由于银行体系自身固有的内在缺陷使其极易受到内外部冲击的影响。关于银行的脆弱性，有许多的学者都进行了相关研究，如 H. Minskey、J. A. Kregel（1997），黄金老（2001）等。Minskey 认为，以商业银行为代表的信用创造机构和借款人相关的特征使金融体系具有天然的内在不稳定性，而且不稳定性是现代金融制度的基本特征。Eisenbeis（2009）也将系统性风险的产生归因于银行存款和信用的不稳定性。

银行经营的对象是风险，其自身就具有期限错配、高杠杆等内在脆弱性，经济环境以及客户信用水平的变化都可能使一家稳健的银行陷入困境。在此次危机中，很多金融机构的高杠杆运作被称为是"在刀尖上跳舞"，这给整个银行体系带来了不稳定性。另外，银行的管理模式上存在委托—代理问题，所有权与经营权的分离，银行的经营者拥有对经营活动进行决策和管理的权利，加上政府对银行或明或暗的救助机制，更是加剧了委托—代理问题，使银行容易从事高风险的业务，给系统性风险的产生提供了"温床"。

2.1.2 银行在经济上行期的行为

系统性风险是银行的基本属性，而银行的行为是使系统性风险或然性变大的一个重要因素。参照金德尔伯格的观点，银行管理者有的时候会过度迷信数学模型来为资产定价，当环境发生变化时，也不愿意改变以适应新环境。银行风险管理也是一样。在日常资产风险管理中，银行逐渐形成了一套行之有效的风险管理模式，这种模式也渐渐公式化，管理者遵循着这些共性，却忽视了不同时期这一计算规则的差异，正是这些差异使银行管理者很容易低估一些灾难性事件发生的概率。在经济上行时期，市场十分繁荣，商业银行忽视灾难可能对自身带来的影响时会选择大规模放贷，过度承担风险，因此整个银行体系的系统性风险形如累积。

当前经济是信息经济，投资中最大的一个问题就是对信息的把握。当市场上充斥着繁荣的信号时，银行经营者在决策时选择性地将一些负面信息忽略，而好的预期使银行在经济上行期进行大规模的投资，大量资金的涌入又刺激经济更为繁荣，乐观的情绪会螺旋式上升，由此产生了大量的泡沫。

可以说，系统性风险正是在银行的投资行为下随着时间不断累积的。

2.1.3 银行机构间的强连带性

系统性风险表现出极强的传染性。一方面，是因为现在的银行体系呈现出越来越明显的网络化特征,银行机构之间存在大量的资金关联业务,银行通过支付系统以及多种多样的头寸形式,比如回购协议、同业拆借、衍生工具等,使得银行彼此间有债权债务关系(马君潞等,2007)。这样的债券债务关系在经济形势向好下几乎没有风险,但是受某些因素影响使某一环节出现状况时,复杂的网络链条就成为问题蔓延的路径,如同"马蹄铁效应",这种强连带性使系统性风险的破坏力大大增强。网络越来越庞大、涵盖的银行数目越来越多时,网络出现问题的概率就会提升,如果假设某一银行一年之内出现支付问题的概率是 0.001,100 家银行一年内都不出现问题的概率为 0.9,也就是说有 10% 的概率会出现问题,1 000 家银行的话,不出现问题的概率只剩下 0.37,这令人难以置信,系统性风险防范对策的实施迫在眉睫。

此外,业务同质性是银行强连带性的另一种表现。银行之间的竞争在于战略以及对市场信息的把握。市场的变化、行业的起伏、同性质的银行之间获得的信息的差异性不大,理性的决策者会将资金投入能给银行带来收益的行业,而中小型银行掌握信息所需的成本较高,它们会跟随大型银行的脚步,将资金也投入到相同的行业中,形成各类型银行之间资产结构的同质性。整个银行业集中性的风险暴露在面临共同冲击时,损失会大大超过银行预期。无差别的冲击对银行业进行一轮扫荡,当抵御风险能力差的银行开始出现问题时,就会出现"多米诺骨牌"效应。集中、同质的风险暴露会给银行业带来系统性风险。

2.1.4 政策导向的失误

1963 年,Friedman 等认为,金融动荡的根源在于货币政策的失误。Taylor(2009)指出,美国货币政策是此次系统性风险爆发最重要的原因。BIS(2010)也认为,此次金融危机是源于美国低利率政策,低利率引致房地产泡沫的产生,并且当风险扩大时,各国中央迟迟不收紧货币政策,更加剧了金融市场动荡。

除货币政策以外，银行监管对系统性风险的形成也存在影响。20世纪70年代以来，金融自由化改革不断深化，监管松化，金融体系的系统性风险不断累积，金融危机也频频发生。监管政策的变化，如从Basel I 到 Basel Ⅱ，银行监管越来越依赖于银行的内部评级或者是评级机构的外部评级，评级依赖的是历史数据，这种"向后看"的思路不能很好地预示经济的变化，导致监管没有达到预期的目标。欧美监管部门所遵循的"最少的监管就是最好的监管"，使金融创新愈演愈烈，各种各样的金融产品在市场上涌现，系统性风险也像是被不断压缩的炸药，一旦爆发就会对经济造成重挫。

总体来说，政策导向失误对系统性风险的形成与爆发有推动作用，但这是由于对系统性风险认识的不足导致了政策导向的失误，最后才有了系统性风险的爆发。

2.2 巴塞尔Ⅲ监管框架

在2004年6月《巴塞尔协议Ⅱ》颁布以后，各国打算用两年的缓冲时间准备并于2007年正式开始实施该协议。但2007年国际金融危机始料未及，对全球银行业的发展造成了巨大的冲击，也使得各国全面实施《巴塞尔协议Ⅱ》的计划夭折。然而，随着经济的逐渐复苏，2009年9月的匹兹堡G20峰会上《巴塞尔协议Ⅱ》的实施被重新提上日程，并定于2011年底开始实施。这一决定也得到包括美国和欧盟在内的主要经济体的支持。美国和欧盟在2010年10月提出将在2011年12月以前实施《巴塞尔协议Ⅱ》。而我国早在2007年2月从发布《中国银行业实施新资本协议指导意见》起就已经开始实施《巴塞尔协议Ⅱ》。

《巴塞尔协议Ⅲ》从金融体系的角度出发，对《巴塞尔协议Ⅱ》的资本框架进行改革，旨在从银行个体和金融系统两方面加强全球金融风险监管。在机构层面，提高银行及其他金融机构在市场波动时期的恢复能力，更好地抵挡金融风险的压力；在金融体系层面，减小具有潜在系统性风险的银行对整个金融业的影响，以对全球长期金融稳定和经济增长起到支持作用。无论是微观还是宏观，《巴塞尔协议Ⅲ》都涉及资本框架的改革。在微观上，《巴塞尔协议Ⅲ》完善原有资本监管要求和建立流动性标准；在宏观上，《巴塞尔协议Ⅲ》加入了逆周期机制，包括逆周期资本缓释和留存资本缓释。也就是说，《巴塞尔协议Ⅲ》延续了《巴塞尔协议Ⅱ》的传统，依然将资本监管改革作为核心内容。

综合来看，《巴塞尔协议Ⅲ》较《巴塞尔协议Ⅱ》的主要改进包括六个方面内容：

（1）提高资本质量、一致性和透明度

在这次危机中，由于不同经济体对资本定义不一致，并且缺乏透明度，导致市场不能充分评估和比较不同机构的资本质量，在极端风险发生时资本的可得性差。针对这一问题，《巴塞尔协议Ⅲ》关于资本要求标准的改革如表2.1所示：

表2.1　　　　　　　　资本要求标准的主要变化

	普通股			一级资本		总资本	
	最低要求	留存超额资本	总资本要求	最低要求	总资本要求	最低要求	总资本要求
Basel Ⅱ	2%	—	—	4%	—	8%	—
Basel Ⅲ	4.5%	2.5%	7%	6%	8.5%	8%	10.5%

由上可知，一级资本的主要形式是普通股和留存收益，一级资本要求和资本质量的提高很大程度上增强了银行吸收损失的能力。此外，《巴塞尔协议Ⅲ》取消了仅能用于覆盖市场风险的三级资本，统一了二级资本工具；明确了监管资本的各类调整项，并且是在核心一级资本的层面扣除。《巴塞尔协议Ⅲ》为强化市场约束，改进了资本工具的透明度标准，还要求银行披露监管资本的要素，以及与财务报告科目之间的关系。

（2）扩大风险覆盖范围

2009年7月，巴塞尔委员会为了捕捉表内外风险、衍生品交易相关的风险暴露，在原有的市场风险价值框架中引入压力状态下的市场风险价值；将资产负债表外渠道短期流动性便利的信用转换系数提高到50%；提高了第二支柱下监管部门监督检查的标准以及第三支柱的信息披露要求；调高再证券化风险暴露的风险权重以更好地反映此类产品的固有风险。在《巴塞尔协议Ⅲ》中，委员会还提出了强化交易对手信用风险监管的措施，将提高对这些风险暴露的资本要求、缓解亲周期效应，为衍生品交易由场外转向通过中央交易对手和交易所集中交易提供了额外刺激，有助于降低金融体系的系统性风险，并且鼓励金融机构加强交易对手信用风险的管理。委员会还要求银行对有外部评级的资产证券化风险暴露进行内部评估，降低对外部信用评级的依赖，缓解悬崖效应，并且将IOSCO发布的《信用评级机构的行为准则规范》关键要素纳入合格外部评级机构的认可标准。

（3）引入杠杆率补充风险资本要求

杠杆率的累积是以往金融危机的重要特征之一，而将杠杆率纳入第一支柱是《巴塞尔协议Ⅲ》的一大特色。杠杆率为一级资本比上总风险暴露，总风险暴露包括表内和表外的项目，在计算杠杆率时，表外项目统一采用100%的信用转化系数。协议中所规定的杠杆率监管红线为3%。引入"杠杆率"这样简单、透明、独立的风险计量指标作为风险资本比例的补充指标，弥补了资本充足率监管的单一化缺陷，能有效控制银行体系杠杆率累积，防止杠杆率过高引起金融体系的不稳定。

（4）缓解亲周期性和提高逆周期资本

对于亲周期性，其实《巴塞尔协议Ⅱ》已提出了一系列的保障措施，包括长期数据估计违约率、引入衰退期违约损失率，还要求银行进行压力测试，考虑衰退期信用资产组合的风险迁移等。但是这些保障措施在此次危机显得有些苍白无力。针对这一点，《巴塞尔协议Ⅲ》提出了一系列措施，包括：推动实施前瞻性拨备制度；通过资本留存在单个银行和银行体系建立超额资本,以备出现压力时使用;建立逆周期资本,防止银行体系信贷过快增长。逆周期资本要求为风险加权资产的 0~2.5%,和资本留存一样,只能由核心一级资本来满足;同时,逆周期资本的计提取决于监管部门对系统性风险累积程度的判断。

(5) 引入全球流动性标准

针对很多银行在危机中虽然拥有较为充足的资本水平但依然面临困境的情况,《巴塞尔协议Ⅲ》推出了流动性监管标准。流动性风险的监管框架是除资本充足率监管框架外,《巴塞尔协议Ⅲ》的另一重要组成部分,它主要包括两个流动性监管指标——流动性覆盖率(LGR)和净稳定资金比例(NSFR)。监管框架要求流动性覆盖率(LGR)的监管标准要超过100%,这是为了确保银行具有充足的、高质量的流动性来源抵御未来1个月内的压力考验,增强银行短期应对流动性风险的能力。同时,框架还规定净稳定资金比例也必须超过100%。净稳定资金比率的提出是为了衡量银行在未来一年内有稳定资金来源支持其业务扩展,是为了保证资产和负债的期限结构的可持续性,促进银行长期稳健。《巴塞尔协议Ⅲ》提出流动性监管标准和系列监测工具推动了不同国家监管的一致性。

(6) 应对系统性风险和相互关联性

危机暴露出《巴塞尔协议Ⅱ》缺乏对系统性风险的关注,而系统重要性金融机构作为系统性风险的核心节点,加强对系统重要性金融机构的监管是防范系统性风险的重要内容。因此,巴塞尔委员会和金融稳定理事会在《巴塞尔协议Ⅲ》中提出要针对系统重要性金融机构监管设计一套方案的构想,包括附加资本、应急资本和自救债券的组合措施以及附加流动性要求、更严格的大额风险暴露限制及强化监管力度等。2011 年 11 月,巴塞尔委员会发布《全球系统重要性银行:评估方法和附加损失吸收要求》,规定全球系统重要性银行在满足《巴塞尔协议Ⅲ》的标准外,还需要满足 1%~3.5% 的附加资本金要求,且附加资本必须完全由普通股权益构成,旨在弱化系统重要性银行的道德风险,提高其损失吸收能力。

2.3 巴塞尔Ⅲ宏观审慎资本监管工具的作用机理

巴塞尔委员会针对危机提出诸多宏观审慎框架下的资本监管工具,在资本监管工具实施的过程中,如何合理地使用这些宏观审慎资本监管工具是监管者的必修课,而了解这些资本监管工具的作用机理又是监管工具实施的前提。比如,留存超额资本针对的是资本计量的顺周期性特征,资本的顺周期性是内部评级法引致,追本溯源,找到留存超额资本的着力点。就目前而言,我国主张构建逆周期的宏观审慎政策框架,缓解商业银行的顺周期性行为,从内部激励的角度出发,监管部门要求银行实施顺周期性强的内部评级法对银行的顺周期性行为有推动作用。另一方面,中国银监会已经批准了五大国有商业银行和招商银行可以采用高级法计算资本要求,因此在内部评级法的视角下对资本监管工具的作用机理进行分析显得十分有必要。

2.3.1 内部评级法与系统性风险

《巴塞尔协议Ⅱ》的核心是微观审慎监管,较《巴塞尔协议》的改革主要在于资本充足率的计算,强调主动的风险管理与激励相容机制。就信用风险而言,它提供了可供银行选择的标准法、内部评级初级法和内部评级高级法。在经济上行期,选择高级法的银行所需配置的资本一般较低,在竞争中更占主动地位。内部评级法的提出有助于各商业银行提高自身的风险管理水平。

2.3.1.1 内部评级法计算资本要求

内部评级法主要用来计量贷款组合的预期损失和非预期损失。内部评级初级法中，商业银行可以自行测算贷款的违约概率；而在内部评级高级法中，商业银行可以自行测算资本要求计量所需的所有参数，包括贷款的违约率（PD）、违约损失率（LGD）、风险暴露（EAD）和期限（M）。内部评级法对于非预期损失的计算也就是对商业银行经济资本的测度。

无论是初级法还是高级法，商业银行都需要首先对贷款按照不同的风险特征进行分类，然后再进一步细分，最后确定各类资产监管资本要求的风险权重函数。资本要求的公式为：

$$k = LGD \times \phi\left[\frac{\phi^{-1}(PD) + \sqrt{R} \times \phi^{-1}(0.999)}{\sqrt{1-R}} - PD\right] \quad (2.1)$$

R 为资本收益相关系数。然而，研究发现（2.1）式中违约概率 PD 与资本收益相关系数 R 存在较强的相关性，于是，巴塞尔 II 给出了资产收益相关系数和违约概率之间的关系公式，具体如下：

$$R = 0.12 \times \frac{1-e^{-50PD}}{1-e^{-50}} + 0.24 \times \left(1 - \frac{1-e^{-50PD}}{1-e^{-50}}\right) \quad (2.2)$$

2.3.1.2 资本要求的顺周期性分析

关于资本要求的顺周期性，国内外有较多的学者对其展开研究。如果假设信贷资产的违约率与经济周期密切相关（如图 2.1 所示），在经济上行期，资产质量向好，资产的违约率也随之降低；而在经济下行期，资产质量恶化，资产的违约率也随着提升。

从式（2.1）（2.2）可知，违约概率是资本要求计量的一个关键因素。违约概率与资本收益相关系数还有资本要求之间的关系变化如图 2.2 所示。在图中我们发现，随着时间推移，违约概率的周期性变化也会导致资本要求的周期性变化。结合图 2.1 和图 2.2，可以较为清晰地看到经济周期的变化，商业银行资产质量随之发生变化。此时，商业银行的资本要求也会随之发生变化。

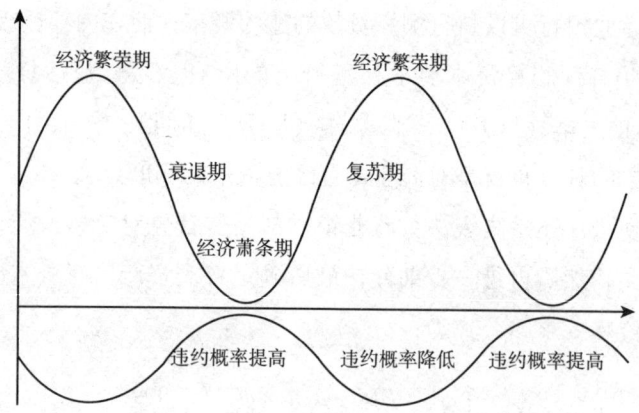

图 2.1 经济周期与违约率的变化示意图

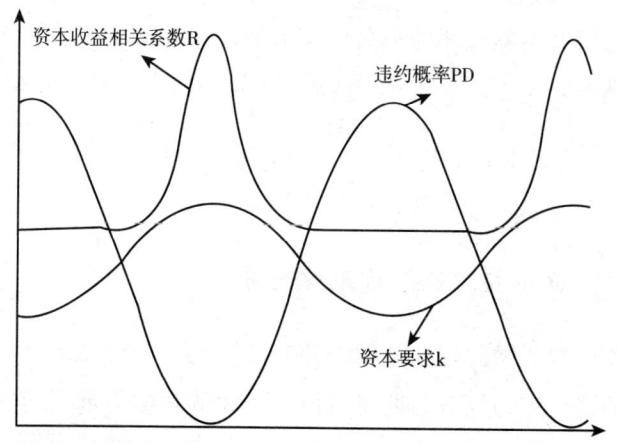

图 2.2 违约概率、资本收益相关系数与资本要求变化示意图

2.3.1.3 内部评级法与系统性风险的关系

资本要求的顺周期性通过影响商业银行的信贷行为进而增大银行体系的系统性风险。从图 2.2 中可以发现，资本收益相关系数与违约概率在经济上行期呈现反方向的变化，这在资本要求的计算中起到了一定的逆周期调整的功能，如果资本收益相关系数就是一个常数如 0.2，可以想象，此时的资本要求将具备更强的顺周期性。而商业银行信贷行为与资本要求密切相关。在

经济上行期,因为市场繁荣,商业银行遵循资本计量模型的规律,资产的违约风险降低使得所需的监管资本也会随之降低,银行的信贷发放增加,过度承担风险,资产形成泡沫,系统性风险也随之提高。另一方面,在经济下行期,同样由于采用内部评级法资本计量模型,资产的违约概率升高,监管资本也增加。此时,商业银行选择收缩银根,减少放贷,市场上投资减少,加剧了系统性风险。这正好印证了金德尔伯格的观点,银行管理者因为过度依赖数学模型而加大了银行体系的脆弱性。

运用内部评级法计算资本要求时并不能捕捉到集中度风险。内部评级法模型采用的基础模型是基于组合管理的渐进单因子模型。该模型基于三个关键假设:(1)组合能完全分散异质风险;(2)组合风险只与单一系统风险因子有关;(3)条件违约独立性。集中度风险是指金融机构对同一、同质的相关风险敞口过大,包括同一行业、同一客户、同一部门,甚至是同一产品等,可能给银行金融机构带来风险损失的可能性。银行信贷组合的单一客户集中、部门集中、行业集中等集中度风险就存在不可分散的异质风险;行业集中度风险受到多个系统风险因子的影响与组合风险只受到单一系统风险因子的假设矛盾;由于借款客户之间、部门之间、行业之间存在关联性,条件违约独立这一个假设也不成立。根据《巴塞尔协议Ⅱ》,集中度风险的监控在第二支柱监督检查中,但是由于此次次贷危机之前监管的松化,对集中度风险的关注度不够,商业银行更不会主动将其纳入风险管理范畴,增加自身的资本负担。魏国雄(2010)认为,银行金融机构的集中度风险是引发系统性风险的主要因素,为了避免和防范系统性风险,监管部门和金融机构要把防范系统性风险的重点放在对银行金融机构集中度风险的监控上,不断向银行金融机构提示集中度风险,督促银行金融机构建立严格的集中度风险防控机制。就此次的危机而言,系统性风险就是扩大了的集中度风险。

针对系统风险防范,我国"十二五"规划中提到要构建逆周期的宏观审慎政策框架体系。这表明系统性风险具备时间维度的特征。内部评级法存在的不足直接或间接导致了系统性风险的累积,也决定了系统性风险的时空特征。

2.3.2 杠杆率要求能有效控制模型风险

巴塞尔Ⅱ针对巴塞尔Ⅰ提出风险敏感性强的内部评级法，是想通过这一改进抑制监管套利。但是接踵而至的是内部模型的选择，判别标准、数据质量等问题。有的银行选择较为激进的参数测度资本要求，在经济上行期就可以获得较多的资本去增加信贷。特别是内部评级高级法，资本要求中的各个参数都依赖于银行内部模型，模型不透明的问题更为突出。同时，根据内部评级法计算的经济资本不仅是资本要求，也与银行的风险管理密切相关。银行管理者将内部评级法计算的经济资本用于日常资产风险管理，并逐渐形成了一套行之有效的风险管理模式——经济资本管理。管理者过度迷信数学模型进行风险管理，却忽视了不同时期这一计算规则的差异。正是这些差异使银行管理者很容易低估一些灾难性事件发生的概率。

杠杆率等于一级资本与总风险暴露的比值，总风险暴露包括表内和表外的项目。在计算杠杆率时，表外项目统一采用100%的信用转化系数。协议中所规定的杠杆率监管红线为3%。

一个简单的例子可以说明杠杆率要求能控制模型风险。杠杆率累积的过程一般出现在经济上行时期，在经济下行期银行会选择收缩信贷以及去杠杆化。设某银行根据内部评级法计算资本要求，在经济上行期其一级资本充足率符合6%的监管标准。也就是说此时：

一级资本/风险加权资产≥6%

根据内部评级法，风险加权资产 = $12.5 \times k \times EAD$。EAD是风险暴露。不妨假定EAD就是总资产，无风险资产的资本要求k为零。在经济上行期，k较小，在一定的资本水平下，商业银行的风险暴露较大。特别是如果该商业银行是激进的，低估资产的违约风险，导致k'是原来的0.5倍，那么在保持一级资本充足率水平不变的情况下，相应的风险暴露EAD'为原来的2倍。

对于这部分超出正常水平的风险暴露，银行并没有计提相应的资本。而杠杆率指标的提出能缓解这种情况的发生。

$$杠杆率 = 一级资本/总风险暴露 = 一级资本/EAD$$

如果原先商业银行的杠杆率水平为 4% 的话，那么该银行采取激进策略时，其杠杆率将会变为 2%。根据《巴塞尔协议Ⅲ》杠杆率监管标准 3% 的规定，这种行为是不允许的。这样简单、透明、独立的风险计量指标作为风险资本比例的补充指标，是为了克服资本充足率监管下银行高杠杆的操作，有效控制银行体系杠杆率累积，防止杠杆率过高引起金融体系的不稳定。引入监管机构对银行资产风险权重的评估依赖于银行对资产质量进行的内部评级，而内部评级法会因为银行模型的不精确或者是银行逐利产生道德风险而使监管机构并不能很好地把握银行的风险状况，杠杆率监管从绝对资产的角度反而更能有效地控制银行风险。所以，杠杆率对增强银行体系的稳健性是大有裨益的。

2.3.3 留存超额资本的作用机理

巴塞尔委员会在《巴塞尔协议Ⅲ》设定了 2.5% 的资本留存缓冲，由普通股构成。资本留存缓冲比例设定的原理在于监管资本比率越接近最低资本要求，对其利润分配限制就更为严格。留存超额资本要求框架的提出，有助于提高银行业在经济下行期的稳健性，并将提供经济复苏时期重建资本的机制。

2.3.3.1 留存超额资本要求成为银行提高风险管理水平的正向激励

留存超额资本要求旨在当银行发生损失的时候吸收损失。而留存超额资本的计提基于简单的资本留存规则，即仅针对的是银行的收益分配，与银行的运营无关。计提留存超额资本主要是为了稳固银行的内源融资渠道，提高银行在压力时期吸收损失的能力，增强银行体系在经济下行时期的稳健性，缓解银行体系的顺周期效应。留存超额资本要求主要是针对使用内部模型的银行，因为这些内部模型的参数对市场敏感导致在经济下滑的时候银行所需的经济资本增加，而在经济下行时银行很有可能面临融资困境，无法快速获得资本。而对于使用标准法计量资本的银行来说，因为使用标准法，同一笔资产在不同的时期由它计算的风险加权资产并不会改变，资本的顺周期性不强，留存超额资本要求极大地增加了银行的生存负担。从另一个角度上看，留存超额资本要求激励使用标准法的银行采用内部模型计量资本来缓解资本压力，而使用内部模型的银行则会挖掘更为精细的模型来实现资本的进一步节约。内部模型的使用必须经过监管部门的认可，如果商业银行不具备与内部模型相适应的风险管理水平，将不被批准。这就会促使银行整体改善风险管理水平，通过风险管理水平的提高来实现资本的节约。

2.3.3.2 留存超额资本缓解顺周期效应的具体体现

次贷危机暴露出微观审慎框架顺周期性强的不足。在经济上行期，一方面是经济形式较好，另一方面商业银行有贷款门槛限制，违约风险低。而在经济下行期，受到经济、行业等环境的影响，风险一般在这一阶段爆发。顺周期性的具体体现商业银行的内部模型低估了经济下行期的资产违约率，这也是内部模型考虑资产相关性不足的固有属性导致的。留存超额资本要求的提出主要是针对这一情况。下面通过一算例简单分析：

假设一家实施内部评级法的商业银行，商业银行拥有资本的量就等于内部评级法计算的资本量。如果某种类型资产的资本要求如图2.2所示，而银行在整个经济周期拥有的资本分为三种情形：一是资本总量基本保持不变；二是上行期资本小于下行期资本；三是上行期资本大于下行期资本。

第一种情形：资本总量基本保持不变。因为资本要求如图2.2所示，内部精细化的经济资本管理正好可以保证资本要求与风险暴露的乘积保持稳定。因此，风险暴露应当与资本的变化方向正好相反的方向变化。当资本要求降低时，风险暴露增加。但根据内部模型计算的资产违约率会低于经济下行期资产真实的违约率，资本要求也会低于实际水平，如果这个幅度假设有10%，此时商业银行需要多计提10%的资本额度，一旦风险爆发，银行将没有足够的资本来应对损失，同时在经济下行期，银行面临融资困境，那么银行只能紧缩信贷业务，同时收缩资产规模，加速了经济下滑。通过集体留存超额资本能有效缓解这一情形。在经济上行期，根据留存超额资本要求的计提框架，其额度等于2.5%乘以银行的风险加权资产，相当于在经济下行期构筑一个吸收损失能力最强的资本防线。资本总量保持不变时，在8%的资本要求上增加2.5%的留存资本要求，银行可以允许模型有20%以内的空间，上述10%的低估完全在其控制范围以内。留存超额资本的计提也一定程度上缓解了内部模型不透明的不足。

第二、第三种情形与第一种情形类似，只是由于上行期和下行期风险暴露的差异导致留存超额资本能控制的低估范围存在差异。以第二种情形为例，因为上行期商业银行资本小于下行期的资本水平，设低10%，那么在经济上行期所计提的留存超额资本只能允许模型在下行期有10%左右的低估。

2.3.4 逆周期资本要求拓展了内部资本计量模型

前面的分析可知，杠杆率针对的是内部模型的风险，并且是从资产规模的总量上进行控制；留存超额资本要求主要是针对内部模型在经济下行期低估了资产的违约风险。《巴塞尔协议Ⅲ》要求银行业在出现信贷增长过快的信号时计提0~2.5%的逆周期资本，从而避免银行体系遭受由于信贷规模增长过快引发系统性风险带来的损失，维护银行体系的稳健性，实现宏观审慎的目标。逆周期资本首先是留存超额资本的延伸，它也具有留存超额资本的特性。另一方面，逆周期资本又是根据系统性风险累积程度的不同，有弹性地在0~2.5%变化，具有区别于留存超额资本的其他性质。

逆周期资本针对的是系统性风险，控制的是整个银行业的信贷发放速度。这与杠杆率有一定的区别，杠杆率并没有考虑信贷发放的速度。当经济形势好、市场上充满利好信息时，根据商业银行内部模型，资本要求降低，理性的商业银行都会选择扩张资产规模，中小型商业银行跟随大型银行的脚步也会选择扩张资产规模，这就导致整个银行业信贷扩张的速度加快，并且银行间信贷的投向具有同质性。逆周期资本应对的是经济上行期银行的信贷发放情况，巴塞尔委员会逆周期资本计提指引中判定系统性风险累积的指标是信贷/GDP，这相当于是用经济周期对信贷周期进行修正，但是每个国家具有不同的特性，监管部门应当选择恰当的系统性风险识别指标。

选取信贷/GDP指标来分析逆周期资本的作用机理（见图2.3）。

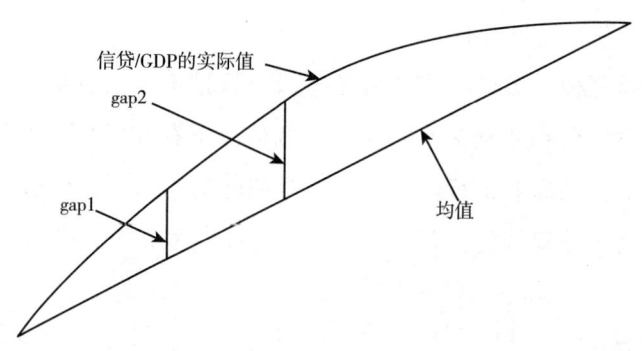

图 2.3　信贷/GDP 指标的变化情况

按照《巴塞尔协议Ⅲ》的规定，当信贷/GDP指标偏离均值2%也就是图2.3中gap1的位置时，开始计提逆周期资本。最大偏差用gap2表示。当gap2小于10%时，在gap1和gap2之间，逆周期资本计提的比例线性变化；当gap2大于10%时，逆周期资本计提比例将锁定2.5%不再增加。在信贷过快扩张的时候，计提逆周期资本能提高商业银行的经营成本，减缓信贷扩张速度。进一步说，逆周期资本的计提能促使活跃银行考虑到自身行为可能带来的联动效应。也就是说，逆周期资本计提拓展了商业银行的内部模型，在经济上行期，拓展后的商业银行资本额度最低水平可以表示如下：

$$K = \begin{cases} 12.5 \times \mathrm{EAD} \times k \times 8\% & \mathrm{gap} < 2\% \\ 12.5 \times \mathrm{EAD} \times k \times \left[8\% + \dfrac{2.5\%}{8\%} \times (\mathrm{gap} - 2\%)\right] & 2\% \leqslant \mathrm{gap} \leqslant 10\% \\ 12.5 \times \mathrm{EAD} \times k \times (8\% + 2.5\%) & \mathrm{gap} > 10\% \end{cases}$$

商业银行在发放贷款的时候,将会综合考虑边际成本收益。可以想象,不同的阈值设定将带来不一样的效果。逆周期资本的计提使商业银行在发放信贷时将整个银行业的信贷情况考虑在内,同时也会使银行业信贷更为审慎。

逆周期资本计提与释放打破了信贷与经济周期之间的关系。当银行信贷增长过快时,监管部门要求计提逆周期资本来增加银行信贷成本,抑制银行快速放贷。当系统性风险得到有效控制时,监管部门及时解除商业银行的逆周期资本要求。也就是说,经济衰退时期,通过释放商业银行的逆周期资本可以缓解信贷紧缩,避免信贷紧缩导致的经济加速下滑。逆周期资本的计提打破了银行信贷与经济周期之间的原始关系,从这一角度出发,逆周期资本在缓解顺周期上有着不容忽视的作用。

2.3.5 系统重要性银行附加资本要求应对资产关联性

系统重要性银行通常指具有"太大而不能倒"特征的银行,其在国家金融机构或世界金融机构中处于重要地位,它的特征表现为业务复杂,经营规模大,与其他金融机构的相关度高,一旦其出现重大问题可能会导致金融体系出现问题,甚至导致整个金融体系的崩溃。防止系统重要性银行倒闭引发的巨大负外部效应,是防范系统性风险的重要内容。在资本层面,巴塞尔委员会规定其增加1%的系统重要性银行附加资本要求以增加这类银行的风险吸收能力。

从根本上看,系统重要性附加资本要求针对的就是系统重要性银行与其他金融机构之间的关联性。而商业银行的内部评级模型是一类微观模型,认为系统性风险是外生的,银行间业务往来属于银行外部,银行自身不需要对这部分风险暴露计提资本。但是，在危机期间，银行间的关联性导致危机的迅速蔓延，在危机的扩大和深化中起着十分重要的角色。这种情况在系统重要性银行上的体现更甚。系统重要性银行作为业内活跃的银行，往往会率先实施内部评级法，过度依赖内部模型，忽视了银行网络自身存在的脆弱性。系统重要性银行附加资本要求在应对关联性上对内部模型作了补充，与对这种类型风险暴露提高其资本要求有异曲同工之妙。

同时，系统重要性银行具有更好的风险管理水平，可以采用更高级的内部模型，在定价权和市场占有份额都在同业间占主导地位，正是它的主导地位容易导致系统重要性银行存在道德风险。对全球系统重要性银行监管改革也是为了防范和抑制系统重要性银行普遍存在的道德风险，通过实施附加资本金要求等措施增加其运营成本，防止系统重要性银行利用"大而不倒"地位获取不公平利益，维护公平竞争。

从上述作用机理分析中，杠杆率应对的是模型风险，内部模型的不透明容易出现激进的银行资产规模过大的情况；留存超额资本要求应对的是经济下行期内部模型低估资产违约率的风险；而从逆周期资本要求和系统重要性附加资本要求的作用机理上看，虽然两者都针对系统性风险，但是两者的视角有区别，逆周期资本针对的是银行体系外部的信贷发放，而系统重要性银行附加资本要求针对的是银行之间的业务关联性特征。准确地说，前者是应对系统性风险的时间特征，后者是系统性风险的空间特征。几个工具之间相互联系，又有不同的分工，在了解这些资本监管工具的基础上，应界定好它们的适用范围，使监管部门的监管有理可依。

2.4 系统性风险资本监管机制一般设计原理

目前，关于系统性风险向金融危机演变的研究逐渐着眼于微观机构在危机的发生和传染过程中的作用。《巴塞尔协议Ⅲ》作为一个全球性的银行业监管标准，不仅仅是要将其作为参考，更重要的是从中能看到全球对于金融危机的反思以及后续对于商业银行资本监管的基本思路。

商业银行资本监管在危机中不断发展和完善，巴塞尔Ⅰ的资本监管思路是用标准法来度量商业银行所需资本，这一方式随着全球银行业风险管理水平的不断提高，渐渐不能对银行业的发展起约束作用，监管套利频频发生。巴塞尔Ⅱ在资本监管方面提出了内部评级初级法和内部评级高级法，商业银行可以根据自身的风险状况来计算资本相关参数，其体现出来的是资本监管必须实现差异化，银行的资产规模、风险状况、资产类型、风险控制水平、在银行体系中的地位都会不同，其所需的资本比例应该是有差异的。巴塞尔Ⅱ其实是一个较为理想的风险管理框架，但是以盈利性作为主要经营目标的商业银行不会具备宏观的视野以及觉悟去担当部分系统的风险。因此，资本监管方式由紧到松的变化给了银行很大的空间，过度的放任自由使得银行风险在短时间内急剧增加，最终导致危机爆发。美国金融危机的爆发给全世界的监管部门敲响警钟，从巴塞尔Ⅰ到巴塞尔Ⅱ的变化，中间必须经历监管慢慢松化的过程，因此，巴塞尔Ⅲ应运而生。改革前都会出现方式不适应关系的情况，监管改革也不例外。巴塞尔Ⅲ不仅仅是一个全球性的监管框架，也可以从中发现系统性风险资本监管的一般思路。

2.4.1 系统性风险内生化

《巴塞尔协议Ⅲ》提出了宏观审慎管理与微观审慎管理相结合的监管思路，一方面，在商业银行内部继续实施微观审慎管理；另一方面，站在整个金融体系稳健运行的角度，对商业银行提出了宏观审慎的监管要求。系统性风险与宏观审慎管理是共生的概念，宏观审慎管理的目标就是为了防范系统性风险，宏观审慎的监管要求旨在将系统性风险内生化至商业银行的日常管理体系中。此次危机给我们的一个启示是银行之间敞口的同质性高，当外界出现冲击时，银行微观审慎管理下的风险管理手段并不足以应对敞口的同质性所产生的放大效应。银行的微观审慎管理与银行经营的内在脆弱性使得理性的银行选择低成本转移风险，剩下的风险使得每一个个体的资本水平在微观审慎视角下都可以承受，但是却没有考虑其他风险承担者能否化解，站在整个宏观层面，风险依然存在却并没有消除，一旦出现一微小的冲击就容易出现"蝴蝶效应"，大部分的风险暴露都容易发生损失。宏观审慎监管的提出正是为了弥补市场机制的缺陷，监督商业银行在风险管理的过程中将系统性风险囊括在内。监管部门可以采用一些监管手段约束银行的高杠杆操作以及期限错配。

《巴塞尔协议Ⅲ》宏观审慎管理框架的目标包括：第一，为限制金融风险的累积，降低金融危机的可能性或强度，将系统性风险在金融体系内部消化吸收；第二，强化金融体系对经济下滑和其他负面冲击的恢复能力。限制风险累积可以理解为对系统风险的事前预防，强化恢复能力是对系统风险爆发后的事后补救。不管是事前还是事后，银行体系都是防范系统性风险的主体。银行的信用中介职能决定了银行具备金融放大器的作用，特别是在发展中国家，银行体系作为金融体系的核心部分，对于银行系统性风险的防范更是重中之重。

商业银行是银行体系的主要代表，更肩负着防范系统性风险的责任和义务。由于系统性风险巨大的破坏性，将系统性风险防范纳入商业银行日常风险管理体系是非常有必要的。《巴塞尔协议Ⅲ》宏观审慎资本要求也正是从这一思路出发，要求商业银行在防范系统性风险上计提逆周期资本和系统重要性附加资本，将防范系统性风险的责任落实到相关银行个体。

微观审慎框架下，商业银行实施经济资本管理，只需考虑自身的风险承担行为，对信用风险、市场风险和操作风险等计提相应的资本，尚不考虑自身资产之间的相关性，资产之间的关联性属于第二支柱资本要求的内容。宏观层面的资本要求属于强制性的资本要求，商业银行必须按照监管部门在考虑宏观经济运行的角度制定的合理资本要求。

由于系统性风险的巨大破坏性,提前预防是主要的系统性风险防御手段,将系统性风险内生化,由所有的是银行来共同承担部分合理的责任,这可以将系统性风险防范的成本最小化。系统性风险一个十分重要的形成原因是商业银行集体一致的行为。因此,由商业银行自身来承担起相应的责任有其合理性。

2.4.2 抑制金融体系的顺周期性

金融体系的顺周期效应加大了经济波动从而导致了更大的金融风险,其中最受关注的是监管资本,准备金计提方法和公允价值核算的顺周期问题。金融体系的顺周期性特征是系统性风险形成的另一重要因素。金融体系的顺周期性带来的信贷供给波动风险,该风险可能会损害实体经济,导致银行系统的额外信贷损失。在微观审慎的框架下,按照内部评级法的要求,经济上行期借款人的财务状况改善,评级上升,导致违约率 PD 下降;另一方面,抵押品的价值上升,导致违约损失率 LGD 也下降,此时商业银行所需的资本较少,同样的资本在上行期可以发放更多的信贷,推动经济进一步上涨,也加大了经济变向时银行面临的风险。在经济下行期则相反,借款人的风险提高,商业银行选择收缩信贷,导致经济加速衰退,甚至导致系统性风险爆发。因此,防范系统性风险离不开对监管制度顺周期性的缓释。

针对金融体系的顺周期性,FSB(2009)提出建议:第一,修正现有的以 VaR 为基础的风险评估方法,扩大压力测试对于资本充足率的影响权重。第二,提早确认贷款损失。第三,监管部门需要对杠杆使用情况建立数量化的监督指标和约束机制。第四,改进巴塞尔协议的资本监管框架,建立动态准备金制度,在经济上行期要求银行保持更多数量和更高质量的资本,在经济衰退期则降低这一标准,维持信贷供给。

《巴塞尔协议Ⅲ》更多的是从资本层面缓解监管制度的顺周期性:第一,银行在正常运行时期建立缓冲资本储备,以备压力时期使用。第二,提高银行的资本质量,普通股要求提高,增加银行在扩充信贷时的成本。第三,引入杠杆率作为资本协议的最低保障机制,旨在降低监管资本顺周期性所造成的过度周期性波动。

值得一提的是,逆周期资本的计提就是为了保护银行业免受信贷周期影响,在信贷周期初期风险积聚的时候就实施逆向调节,增加银行信贷发放的成本,从而抑制银行的信贷供给,进而实现对系统性风险的逆向缓释。因此,建立逆周期资本监管机制来应对信贷的周期性波动意义重大。

2.4.3 资本监管差异化

《巴塞尔协议Ⅲ》是此次国际金融危机的产物,保留了8%的最低资本要求不变的基础上,还要求商业银行计提额外的资本,其中就包括留存超额资本。留存超额资本的计提是为了确保个别银行在压力时期仍能保持偿付能力。按照《巴塞尔协议Ⅲ》的规定,留存超额资本的比例为2.5%。为了防范系统性风险,按照《巴塞尔协议Ⅲ》的要求,商业银行还需计提额外的资本,这些额外的资本应该是建立在最低资本要求与留存超额资本的基础上,也就是说在资本要求达到10.5%的基础上,商业银行还需要计提一定比例的资本,以保证整个银行业在压力时期能稳健运行。从前一节的分析中,我们已经知道不同类型的额外资本之间具有不同的功能,宏观审慎资本要求之间体现了差异化的功能定位。

同样是针对系统行风险,逆周期资本与系统重要性银行附加资本之间也存在显著差异。商业银行需要计提逆周期资本来应对信贷快速扩张带来的系统性风险累积,商业银行在信贷扩张的时候,要考虑自身的信贷发放对整个银行体系的贡献。如果整个体系出现信贷的快速扩张,那么整个银行业都将面临更为严格的资本要求,从资本层面提高了银行的信贷成本,限制商业银行的信贷扩张,特别是在经济上行期。而系统重要性银行还需要计提系统重要性银行附加资本来应对机构之间的关联性,前者应对的是系统性风险的时间特性,后者则应对系统性风险的空间特性。巴塞尔委员会在应对系统重要性银行和非系统重要性银行上体现了差异化的资本监管策略,通过系统重要性的评价体系,要求具有更高系统重要性的银行计提更多的资本,防范道德风险的发生。

《巴塞尔协议Ⅲ》基本上保留了《巴塞尔协议Ⅱ》关于风险度量的框架,《巴塞尔资本协议》《巴塞尔协议Ⅱ》中关于资本充足率的定义公式中也在一定程度上反映了差异化资本监管,因为银行的最低监管资本为最低资本充足率要求与风险加权资产的乘积,对于不同的银行来说,《巴塞尔协议Ⅲ》要求商业银行应对系统性风险计提的逆周期资本和系统重要性附加资本要求转化为银行的资本金,也需要与银行的风险加权资产相乘。因为风险加权资产之间存在差异,虽然《巴塞尔协议Ⅲ》要求银行之间计提逆周期资本的比例相同,但是所需的资本的绝对量是不同的。

针对系统重要性银行,《资本管理办法》要求国内的系统重要性银行附加资本要求为风险加权资产的1%,而且必须由核心一级资本满足。该框架就是要区分各商业银行之间的地位差异,对处于重要地位的商业银行采取更为严格的资本监管措施。因此,在银行体系内部实施差异化的资本监管可以实现银行之间的相对公平,也可以使资本监管机制合理,容易被银行体系接受。

2.5 本章小结

本章总结了系统性风险的内在形成机理,包括银行体系固有的脆弱性、在经济上行期加速信贷扩张行为、银行机构之间资产结构的同质性和资产负债的强关联性,以及监管制度存在的顺周期性。《巴塞尔协议Ⅲ》可以说就是此次金融危机的产物,针对的是此次危机所暴露出来的薄弱点进行加强,特别是增加了系统性风险防范的内容。值得关注的是,《巴塞尔协议Ⅲ》为了防范系统性风险,对第一支柱资本监管框架进行了改进,引入了留存超额资本、逆周期资本、系统重要性银行附加资本以及杠杆率等宏观审慎资本监管指标。进一步地,在内部评级法的角度对《巴塞尔协议Ⅲ》宏观审慎资本监管工具的设计作用机理进行分析,特别是这些宏观审慎资本监管工具作用、着力点等内容。最后,提出系统性风险资本监管机制的设计原理,结合危机所暴露的问题以及《巴塞尔协议Ⅲ》的内容,提出从资本层面防范系统性风险的出发点有三个:一是将系统性风险内生化,银行的集体行为导致系统性风险的累积,系统性风险的爆发又会对银行造成巨大损失,因此应从系统性风险产生主体上控制系统性风险;二是金融体系的顺周期性是系统性风险积聚的重要因素,需要设立一个专门的资本监管机制来应对金融体系的顺周期性,熨平信贷的周期性波动;三是对于在银行体系中不同地位的银行需要建立不同的资本要求,防范道德风险。

| 第 3 章 |

基于系统性风险防范的资本差异化监管思路

前文分析了内部评级法与系统性风险之间的联系,也意识到系统性风险资本监管的一般出发点和着力点。原中国银监会在全面考虑《巴塞尔协议Ⅲ》和《巴塞尔协议Ⅱ》监管标准的基础上,结合我国的银行业实践,提出《资本管理办法》,并已于 2013 年 1 月 1 日开始正式施行。但是对于系统性风险防范,中国银保监会尚未出台相关资本监管文件。为了保证国际银行间的可比性,我国基本上也会参照《巴塞尔协议Ⅲ》的国际资本监管改革思路。因此,有必要对《巴塞尔协议Ⅲ》的系统性风险资本监管框架所存在的不足与协调问题进行深入分析,并在此基础上,提出解决这些协调问题的系统性风险资本监管新思路。

3.1 系统性风险附加资本监管协调问题

依据《巴塞尔协议Ⅲ》,《资本管理办法》提出了我国杠杆率监管标准以及与留存超额资本要求同样作用的储备资本要求,并且明确地将系统性风险监管纳入银行资本监管框架,其中所需设定的逆周期资本要求和系统重要性银行附加资本要求更是宏观审慎管理核心内容的直接体现,然而逆周期资本以及系统重要性附加资本要求的计提框架目前尚未明确。《资本管理办法》依据《巴塞尔协议Ⅱ》,规定风险管理水平高的银行,经监管部门批准可采用风险敏感性高的内部评级高级法。《巴塞尔协议Ⅲ》代表了银行业宏观审慎管理的监管导向,《巴塞尔协议Ⅱ》代表了银行业微观审慎管理的监管导向。《资本管理办法》既包含有《巴塞尔协议Ⅲ》关于提高资本质量和资本充足率监管标准的要求,也基本沿用了《巴塞尔协议Ⅱ》关于风险加权资产和经济资本计量的框架,整合了《巴塞尔协议Ⅲ》和《巴塞尔协议Ⅱ》的核心要素。然而,《巴塞尔协议Ⅲ》主张从整个金融体系稳健的角度开展监管工作,强化宏观审慎管理,注重银行业整体的理性。随着《巴塞尔协议Ⅲ》成为全球银行业监管的新标准,如何在宏观审慎管理与微观审慎管理之间求得综合平衡，保证金融体系的稳健性和有效性，是银行业监管和银行业发展的重要内容。此外，《巴塞尔协议Ⅲ》作为一个全球范围的指引性文件，如何实现其资本监管框架的中国化也是值得去深思的。

对于系统性风险附加资本监管协调问题，可以将其分为两个方面：一是关于系统性风险附加资本监管框架与原有微观审慎资本监管框架的协调问题；二是《巴塞尔协议Ⅲ》中关于系统性风险附加资本计提方式存在的不足。由于系统性风险附加资本是由逆周期资本和系统重要性银行附加资本两部分构成，因此，上述两个方面的协调问题按照这两者分开讨论。

3.1.1 系统性风险附加资本管理与经济资本管理的协调问题

资本的稀缺以及商业银行建立激励与约束机制的需要，使得银行业应当继续实施《巴塞尔协议Ⅱ》和精细化资本管理。经济资本管理是精细化资本管理的核心内容，而经济资本管理的核心是同时强调资本对风险资产增长的约束和对资本回报的要求，管理的目标是控制金融风险并提高风险调整后的收益，内容涵盖银行风险管理、经济资本计量、资产配置、产品定价、信贷决策等领域。经济资本管理所表现的精细化特征，就在于经济资本数值与银行非预期损失的一一对应，不能够弹性化处理。

针对银行体系的顺周期性，《巴塞尔协议Ⅲ》要求商业银行设立留存超额资本和逆周期资本，以备出现压力时和信贷快速扩张时使用。从微观审慎管理的角度看，商业银行资本管理的本质是一定金融风险水平上获得最大的价值或者说一定的价值水平上承担的金融风险最小。在系统性风险防范和整体性监管的框架下，《巴塞尔协议Ⅲ》显著提高了商业银行资本充足率监管标准，对资本留存、逆周期调整和系统重要性银行等方面分别提出了额外资本的要求。这些额外资本的一个重要特点就是不与商业银行的非预期损失准确挂钩。

对实施内部评级法的商业银行来说,这些额外资本的提出要求商业银行在资本覆盖非预期损失基础上再计提额外的资本,这与商业银行已有的资本管理理念(经济资本与非预期损失严格对应)存在一定的矛盾。额外的资本要求会影响商业银行的行为,进而会影响金融运行机制。

3.1.1.1 逆周期资本管理与商业银行经济资本管理的协调问题

在资本充足率计算过程中,这些额外资本的要求与实行内部评级法的商业银行经济资本管理体系的资本计算存在明显矛盾。

在经济上行时期,逆周期资本的计提是为了避免商业银行计量的经济资本较小,使得银行由于信贷规模增长过快引发系统性风险的积聚;或者,在经济下行时期,逆周期资本的释放是为了避免银行计量的经济资本较高,使得银行由于信贷规模下降过快加速经济恶化。

银行由于其采用内部评级法评估资本需求可能会导致逆周期资本的计提失去效用。在经济形势向好时,信贷资产质量似乎较好,商业银行由于其内部经济资本额度使用所导致的激励与约束机制以及对未来好的预期,可能引起银行对客户信用评级过高,使计算出来的经济资本偏低,这就可能导致逆周期资本计提不充分。

[例 3.1] 假设某商业银行使用内部评级法评估资本需求,在未计提逆周期资本之前其资本充足率为 10.5%(我们注意到,这一比例是在银行资本激励机制下的计算结果),也就是说该银行的监管资本 = 10.5% × k × 12.5 × EAD。其中,k × 12.5 × EAD 为该银行的风险加权资产,k 是经济资本(非预期损失),EAD 是风险暴露。当经济处于上行时期,监管部门根据系统性风险的累积程度要求该银行计提 2.5% × k × 12.5 × EAD 的逆周期资本。在该银行风险暴露保持不变的条件下,进一步假设该银行由于其对经济形势的乐观预期,违约概率等参数的数值降低,其经济资本缩减到原来的 10.5%/13%(设定为此比例是为了说明问题的方便),也就是说 $k' = \dfrac{10.5\%}{13\%} \times k$,那么,在该银行原有的监管资本水平没有发生任何变化的情况下,此时仅仅由于经

济资本计量结果的变化就使得其资本充足率变更为：

$$CAR = \frac{10.5\% \times k \times 12.5 \times EAD}{k' \times 12.5 \times EAD} = 13\%$$

资本充足率达到13%意味着该商业银行通过经济资本计量参数的数值变化就使得资本充足率达到了监管部门的要求。实际上，这一计算过程所导致的资本充足率提高与监管部门要求计提逆周期资本覆盖系统性金融风险的初衷相悖离。监管部门要求商业银行计提逆周期资本，银行就应当采取实际的步骤补充足够的核心一级资本（巴塞尔委员会要求逆周期资本必须由普通股一级资本或其他具有完全损失吸收能力的资本来满足），用于覆盖因顺周期效应引致的贷款规模增速过快所带来的风险，然而商业银行可能并没有提取这部分资本作为风险保障就达到了对应的资本充足率水平。

当然，银监部门也可以要求商业银行在原有的监管资本水平上，硬性追加2.5%的逆周期资本。但是，因采用内部评级法的商业银行，其信用风险加权资产的计量离不开K的计算，故逆周期资本的具体计提，数量上也难以确定。

另一方面，在经济下行的时候，商业银行对风险估计过于悲观，导致银行所计算的经济资本偏高，此时商业银行可能过快收缩贷款规模，以至于释放逆周期资本的效用不能得到充分发挥。

[**例3.2**] 某商业银行在信贷快速扩张时期计提了2.5%的逆周期资本，资本充足率达到13%，监管资本水平 = 13% × k × 12.5 × EAD；后来，经济处于下行期，银监部门要求该银行释放2.5%的逆周期资本以减缓信贷规模过快下降。由于该银行对经济形势的悲观预期，违约概率等参数的数值提高，下行期的经济资本增加到 $k' = \frac{13\%}{10.5\%} \times k$（设定为此比例，也是为了说明问题的方便），此时该银行的资本充足率变更为：

$$CAR = \frac{13\% \times k \times 12.5 \times EAD}{k' \times 12.5 \times EAD} = 10.5\%$$

在这种情况下，逆周期资本尚未释放，该银行的资本充足率水平就因经济资本的计算方式已经降下来了，但实际上该银行的信贷发放趋势不会因此发生任何实质的变化，故没有达到银监部门所希望的在经济下行期减缓信贷规模过快下降趋势的逆周期调整要求。

3.1.1.2　系统重要性银行附加资本要求与经济资本管理的协调问题

系统重要性银行作为系统性风险防范的核心节点，其抵御风险的能力关系到金融系统的稳健运行。因此，《巴塞尔协议Ⅲ》规定全球系统重要性银行还需要满足 1%～3.5% 的附加资本金要求，且附加资本必须完全由普通股权益构成，用以提高其吸收损失能力。通过实施附加资本要求增加系统重要性银行的运营成本，防止系统重要性银行利用"大而不倒"的地位获取不公平利益，维护公平竞争。

然而，系统重要性银行附加资本要求的提出可能会导致如下问题：系统重要性银行的评估与其经济资本管理之间的协调问题。

系统重要性银行作为业内活跃的银行，往往会率先实施内部评级法和经济资本管理。系统重要性是从商业银行的活跃程度、规模、关联度、可替代性和复杂性五个方面综合评估的，每个方面各占 20% 的权重。每个评估类别又予以细化，共分为 12 个定量指标。根据定量和定性的评估，可以将系统重要性银行分为五个等级，更高等级的系统重要性银行将计提更多的附加资本。

系统重要性银行为了缓解计提附加资本的压力，在经济资本管理过程中，针对系统重要性评估的几个方面进行一定范围的业务调整，降低非预期损失或其他指标值，就可能从较高的等级下降到较低的等级，以达到节约资本的目的。这样做会造成评级的"悬崖效应"。此时，系统重要性银行的资本水平处在边界的位置上，在经济环境发生变化的时候，该银行某些业务指标的变化将导致其附加资本水平不能与其实际所处的系统重要性等级相对应，所计提的系统重要性附加资本也不能充分应对银行所面临的风险。

对全球系统重要性银行计提附加资本，而不对其他大型银行计提，会促使系统重要性银行在综合考量资本边际效用的基础上，选择收缩国际业务，退回国内市场。此外，对于全球系统重要性银行，它面临着国际与国内双重监管的标准，对其经济资本管理水平也是一个考验。

3.1.2　系统性风险附加资本计提框架的不足

按照正常的逻辑，资本覆盖的是风险，因此，不管是逆周期资本还是系统重要性银行附加资本都应该与系统性风险对应。从《巴塞尔协议Ⅲ》关于这两者的计提方式中并没有发现这两者与风险大小直接相关，纯粹是此次金融危机的产物。下面就从逆周期资本和系统重要性附加资本两个方面对系统性风险附加资本计提框架所存在的不足进行分析。

3.1.2.1　逆周期资本计提框架存在的不足

逆周期资本计提的目标是保护银行业免受信贷过快增长引发系统性风险积聚所带来的损害，具体地是要确保信贷过度增长后当整体银行体系出现压力时，银行业总体上有可用资本保障信贷供给。其中至少应当包括三方面的内容：评估信贷增长的标准、计提与释放的方式，以及计提与释放的时机。

（1）系统性风险累积程度识别指标的适用性。

逆周期资本的计提对监管部门在经济周期的确定以及系统性风险累积程度的测算方面提出了较高的要求。如果监管部门不能准确判断经济周期和识别系统性风险累积，那么就无法有效实施逆周期资本监管。根据《巴塞尔协议Ⅲ》的指引，信贷/GDP指标能较好地预测金融危机的发生，并以此作为依据构建逆周期资本计提机制。我国要建立逆周期资本计提机制必须考虑该指标在我国银行业的适用性。在全球范围内，信贷/GDP指标能在较大范围内预测到金融危机，但是我国的体制以及我国银行的性质是否使得我国的信贷发放会有有别于其他国家的特性呢？此外，系统性风险是连续的，在银行经营过程中时时存在。系统性风险识别指标的确定是考察指标能不能较好地预测金融危机的发生。金融危机是罕见的，用一种较为极端的方式理解，金融危机可视作系统性风险的异常值，它内在的驱动因素很多，用与系统性风险的异常值相关性较大的变量来反映系统性风险的累积情况，这在逻辑上是否合理也值得深思。

（2）"一刀切"的计提比例不能甄别恶意竞争。

逆周期资本是监管部门从银行体系整体把握以后要求银行计提的，其比例具有"一刀切"的性质。假如监管部门根据信贷增速要求银行计提 1.5% 的比例，那么每家银行都必须在最低资本要求的基础上再增加 1.5% 的逆周期资本比例，这样"一刀切"的方式方法是否就能真正解决信贷快速扩张呢？对融资能力较弱的商业银行来说，1.5% 的额外资本比例会超出了它的能力；而对于融资能力强的大型银行来说则游刃有余。那么，融资能力强的大型银行可能会增加信贷发放的速度，使得逆周期资本计提的比例从 1.5% 提升到 2.5%；对于融资能力弱的商业银行这是灾难性的，可能会直接导致银行发生违约，导致逆周期资本的计提并没有缓解系统性风险的累积，反而会成为系统性风险爆发的诱因。从根本上看，就是该计提方式并不能甄别各银行的信贷发放速度对系统性风险积聚的贡献。虽然因为各银行的风险加权资产不同导致需要计提的资本量不同，但是在信贷过快发放引发系统性风险累积这一事件中扮演的角色是有区别的，有的银行占主导地位，其他银行可能是跟随这些主导银行的步伐发放信贷。监管部门应统筹考虑如何设计逆周期资本框架，使其具有普适性和说服力，使在同业中地位不同的银行都能够接受，并能将逆周期资本监管框架落实到银行的日常运行中。

3.1.2.2　系统重要性银行附加资本计提框架存在的不足

可以说，系统重要性银行附加资本要求一方面是应对银行体系间的关联性，另一方面也为了解决逆周期资本中"一刀切"所带来的恶意竞争问题。但是，《巴塞尔协议Ⅲ》中系统重要性银行附加资本的计提建立在系统重要

性银行的评估基础上,然而,系统重要性银行评估的权重设计较为主观,会导致系统重要性银行附加资本的计提存在如下问题:

(1) 系统重要性银行附加资本计提不能有效反映风险

从上面的分析我们可以知道,系统重要性附加资本的计提并没有与系统性风险挂钩。即便这样的评估方式能应对系统性风险,但是各方面的权重设定过于主观,有其不合理之处。巴曙松、高江健(2012)参照《巴塞尔协议Ⅲ》的评估体系,从商业银行规模、关联度、可替代性和复杂性四个方面对中国的商业银行系统重要性进行评估。在综合评估出商业银行系统重要性的时候,处于同一系统重要性水平的商业银行其综合得分在同一个得分等级内,但是评估的几个维度是有区别的,有的商业银行可能规模得分较高,有的可能复杂性和关联性得分高,而规模和复杂性等维度对商业银行风险溢出的影响存在差异,但是按照《巴塞尔协议Ⅲ》同一系统重要性水平的商业银行所计提的系统重要性风险资本比例相同。也就是说,系统重要性银行评估虽然从多维度考察银行在体系中的地位,但是资本的计提却不能准确反映商业银行对体系的风险溢出。因此,系统重要性银行附加资本要求应当更加差异化。

(2) 系统重要性附加资本要求是否足以应对关联性

银行间的关联性有两种表现形式:一种是系统性风险表现出极强的传染性,这是因为银行机构之间存在大量的资金关联业务;另一种是业务间的同质性,理性的决策者会将资金投入能给银行带来收益的行业,而中小型银行掌握信息所需的成本较高,它们会跟随大型银行的步伐,将资金也投入到相同的行业中,因此就形成了各类型银行间资产结构的同质性。美联储2014年12月9日推出了一项针对系统重要性银行附加资本要求的新规提案,并投票通过了提案。提案要求,根据各银行对金融系统带来的不同潜在风险,美国八家系统重要性银行必须留存1%~4.5%的风险加权资产以应对潜在风险,即各银行将面临1%~4.5%的附加资本要求。在我国,各银行之间的关联性要比国外银行要大,因为其业务结构较为简单,业务的同质性也很高,而我国的系统重要性银行目前只需计提1%的系统重要性附加资本,这一比例是否能解决银行间关联性的问题值得商榷。

基于《巴塞尔协议Ⅲ》和《巴塞尔协议Ⅱ》,银行业的宏观审慎管理与微观审慎管理有机结合,是非常有必要的,但操作起来有相当的难度。需要在认识到其中存在的不足和矛盾的基础上,进行辩证思考,实现宏观审慎管理框架下的商业银行系统性风险附加资本管理与微观审慎管理框架下的经济资本管理对接。

发现问题并提炼问题是解决问题的重要前提。在国内外金融变革与发展的新形势下,鉴于各国监管部门尚未充分认识到上述矛盾和管理难点,提出宏观审慎与微观审慎双重视角下商业银行资本管理以及系统性风险附加资本计提框架所存在的不足,为后续的系统性研究提供必要的思路。

3.2 差异化资本监管思路

《巴塞尔协议Ⅲ》系统性风险附加资本计提的框架存在一定的不足和缺陷,既不能较为准确地反映系统性风险的大小,也不能很好地甄别银行间的恶意竞争。此外,系统性风险附加资本监管框架与经济资本管理之间存在需要协调的矛盾。接下来,我们就针对这些不足和协调问题提出可操作的资本监管新思路。

3.2.1 问题分析

在提出新思路之前,需要对上面的不足和协调问题之间进行具体分析。

对于系统重要性银行附加资本计提框架而言,系统重要性银行附加资本计提框架表现出两个方面的不足:一方面,是系统重要性银行附加资本要求没有体现出空间维度的系统性风险大小;另一方面,则是1%是否足以应对银行关联性。其实这两个问题可以用一种思路去解决,前文已经知道,系统重要性附加资本要求应对的是空间维度的系统性风险,如果我们能够将系统重要性银行附加资本要求与空间维度的系统性风险大小对应起来,那么这两个问题也就迎刃而解,一旦资本与风险大小对应,第一方面的资本没有与风险挂钩的不足得到了解决,同时,充足性的问题也得到了解决。

关于逆周期资本计提框架的不足,同样存在两方面的问题:一方面是逆周期资本计提依据的指标的适用性问题;另一方面是逆周期资本针对银行业整体,"一刀切"的资本计提机制并不能识别恶意竞争。针对逆周期资本框架所表现出来的不足,可以通过改进逆周期资本计提框架,使逆周期资本框架与时间维度的系统性风险大小对应起来。如此,就可以依据各商业银行不同的时间维度系统性风险贡献针对性地建立逆周期资本缓冲机制,然而按照《巴塞尔协议Ⅲ》逆周期资本计提框架,逆周期资本有其具体的作用对象,也就是针对信贷的快速扩张,而信贷的快速扩张如何与时间维度的系统性风险大小结合起来是一个技术难点。

综上,要解决《巴塞尔协议Ⅲ》系统性风险附加资本计提框架的协调问题,就必须将空间维度的系统性风险量化,当然这并不足够,还需要得到各商业银行的系统性风险贡献,并将系统性风险贡献的大小与系统重要性银行附加资本对应起来。另一方面,需要改进逆周期资本计提机制,使逆周期资本能够体现时间维度的系统性风险。也就是说,要根据各商业银行对系统性风险的贡献,不管是空间维度还是时间维度来构建资本缓冲机制,只有实现差异化的系统性风险附加资本监管,才能解决《巴塞尔协议Ⅲ》系统性风险附加资本监管框架所存在的不足和协调问题。

按照上述分析,差异化的系统性风险附加资本监管框架可以体现在以下几个方面:

(1) 差异化逆周期资本计提机制

按照前文的分析,融资能力强的商业银行增加信贷发放的速度,会使得融资能力差的银行也面临更为严格的逆周期资本要求,这会对后者造成不良的影响。因此，差异化的逆周期资本计提机制的构建势在必行，差异化的逆周期资本监管要区分信贷扩张中占主导地位的银行，对"肇事者"可以有更高的资本要求，对遭受"无妄之灾"的商业银行允许其计提较少的逆周期资本。在差异化的逆周期资本计提设计的过程中，也要考虑逆周期资本的功能定位，设计的框架也不能脱离应对信贷快速扩张这一目标。

（2）差异化的系统重要性银行附加资本要求

系统重要性附加资本的要求所体现的是各商业银行在行业中的地位不同，评价体系虽然涵盖了五个方面，但是权重的设定比较主观，而且也不能直接风险的大小直接对应。因此，差异化的系统性风险附加资本计提机制也急需构建。通过建立差异化的系统性附加资本，甄别在整个银行体系中占重要地位的银行机构，主要是从资本的层面控制系统重要性银行的道德风险，防止系统重要性银行利用"大而不能倒"的地位进行不公开竞争，促使系统重要性银行建立清晰的自我定位，审慎经营，控制商业银行对整个体系系统性风险的贡献。

（3）差异化的系统性风险附加资本要求

随着对系统性风险认识以及风险计量手段的提高，系统性风险在不久的将来可以计量，一旦实现时间维度系统性风险与空间维度的系统性风险的联合度量，并根据各商业银行具体风险情况及其对系统性风险的贡献计提相应的资本，风险溢出大的商业银行计提更多的资本，风险溢出小的银行则少计提系统性风险附加资本，如此，监管部门就可以一步到位地建立系统性风险附加资本监管机制，而不需要去考虑系统性风险的时空划分，也没有必要建立分别应对时空特征的逆周期资本和系统重要性银行附加资本，上述的问题同样都能迎刃而解。这种思路自然最好，但是就目前而言，系统性风险的内涵尚未清晰，系统性风险的度量尚属于技术盲区，"总的系统性风险——总的系统性风险附加资本——风险溢出——各银行所需计提的系统性风险附加资本比例"这一链条的实现有一定难度。

3.2.2 资本监管新思路

根据系统性风险附加资本的时空构成，逆周期资本的计提、系统重要性银行附加资本的计提、系统性风险附加资本的计提之间相互关联。按照《巴塞尔协议Ⅲ》框架，逆周期资本与系统重要性银行附加资本之和就是本文所定义的系统性风险附加资本，因此，差异化的逆周期资本要求以及差异化的系统重要性银行附加资本要求就能决定差异化的系统性风险附加资本要求。由于从整体系统性风险度量的角度实现差异化系统性风险附加资本监管存在不可操作性，我们仍然按照《巴塞尔协议Ⅲ》将系统性风险分解的思路，从应对银行体系的关联性以及信贷扩张的角度出发建立资本监管机制。对于逆周期资本与系统重要性附加资本计提的功能定位，逆周期资本较有针对性，能应对信贷快速扩张引发的系统性风险积聚，计提逆周期资本以控制整个行业的信贷扩张。而系统重要性银行附加资本相对来说并不具备很具体的作用对象。如果系统重要性银行附加资本应对的是商业银行的道德风险，那么道德风险有多大？如果应对的是关联性，那么银行之间的关联性带来的风险又有多大？对于系统重要性银行到底应该计提多少的资本，以目前的框架根本不能计算。

为了解决上述问题，系统重要性银行附加资本要求必须能甄别银行对整个银行体系的系统性风险贡献大小。根据这一思路构建的系统重要性银行附加资本计提机制可以避免恶意竞争和道德风险，而且这一方法不用针对银行的规模、活跃程度、关联度、可替代性和复杂性等进行考量，避免了权重确定的主观性，也使资本计提更合理、更具针对性。在系统性风险附加资本计提框架的设计中，由于逆周期资本具有较强的针对性，可以保持逆周期资本的计提框架不变，但是在指标的选取上可以更符合我国国情。

综上分析，我们仅需要构建差异化的系统重要性银行附加资本计提机制以及改进的逆周期资本计提机制就可以实现差异化的系统性风险附加资本监管（如图 3.1 所示）。

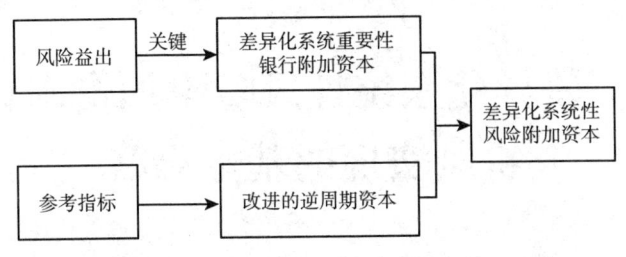

图 3.1　差异化系统性风险附加资本计提框架

进一步地，我们分析这一差异化系统性风险附加资本监管框架是如何应对前文所提的不足及协调问题的。银行在某一时点的整体风险包含两个部分：一部分可以定义为是内部风险，在《巴塞尔协议Ⅱ》中对该风险的计量有完整的框架；另一部分则为溢出风险，这部分风险是将风险转移，导致外界风险实际承担者发生损失进而对银行自身经营造成损失的风险。如果银行内部采用激进的经济资本测度手段，那么计算所得到的内部风险可能偏小，按照现有的系统性风险计提框架，那么系统性风险附加资本的计提也会偏小，与逆周期资本与经济资本协调问题的分析类似。而基于风险溢出的系统重要性银行附加资本计提框架，可以考虑附加资本与风险溢出之间的关系，如果银行采用激进的经济资本度量手段，虽然内部的风险偏小，资本未能覆盖的部分内部风险将成为溢出风险的一部分，采用差异化系统性风险附加资本计提框架就可以将这部分银行忽视的风险考虑在内，反映在系统重要性银行附加资本计提中。此外，这一改进的系统性风险附加资本计提框架也能反映各商业银行对系统性风险的贡献。根据贡献不同，银行将会面临不同的系统性风险附加资本要求。同样，这一框架可以甄别恶意竞争。当银行间存在恶意竞争时，若发起恶意竞争的银行没有低估自身的风险，按照资本管理办法，它将需要更多的资本来达到监管要求；若发起恶意竞争的银行选择低估其内部风险，低估的部分也会反映在系统重要性银行附加资本中。

因此，采用这一系统性风险附加资本监管框架可以在一定程度上控制监管套利，保障银行间的公平竞争，也可以解决系统性风险附加资本计提与经济资本管理之间的矛盾,实现宏观审慎管理与微观审慎管理的协调。

3.3 差异化系统性风险附加资本计提机制实现的基本思路

按照美联储的提案要求,将系统性风险附加资本的计提与银行对金融系统的风险溢出挂钩是未来资本监管的研究方向。因此,差异化系统性风险附加资本监管框架的提出能较好地适应目前监管的需要。按照差异化资本监管框架,该框架包含了差异化的系统重要性银行附加资本计提机制以及改进的逆周期资本计提机制。然而,对于监管部门而言,商业银行是否按照监管要求践行是必须严格把关的。因此,除了上述两个资本计提机制以外,差异化系统性风险附加资本监管框架还应当包括一个公开、透明的资本监管反馈机制(见图3.2)。

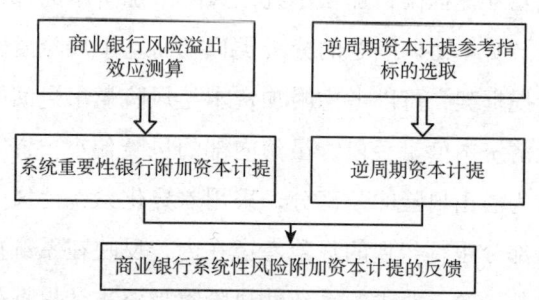

图3.2 差异化系统性风险附加资本监管框架的内容

3.3.1 基于风险溢出效应测算的系统重要性银行附加资本的计提

可以将银行资本的功能分为三种:一种是应对银行内部风险;一种则是应对系统性风险;还有一种是应对未来可能出现损失的风险。

对于第一种资本功能,《巴塞尔协议Ⅱ》给予了很好的诠释,基于内部评级初级法和高级法所测算的风险加权资本就是反映目前银行自身的风险水平,8%的最低资本要求应对商业银行日常的内部风险。当然银行可以构建高于8%的资本水平以应对未来或者是潜在的风险。

对于第三种功能,《巴塞尔协议Ⅲ》中的留存超额资本以及《资本管理办法》中的储备资本就是这一作用。

两者都不是本文的研究对象,本文所研究的资本功能为第二种,针对的是银行的系统性风险,这种资本是监管部门站在宏观审慎角度对银行提出的额外资本要求。当商业银行的资本较为充足时,银行可以通过额外的资本吸收外部冲击带来的损失,也可以降低自身的系统性风险贡献;反过来,当资本不够充足时,银行内部消化损失的能力明显不足,其系统性风险贡献也会随之增加。

3.3.1.1 商业银行风险溢出的测算

单个金融机构通过高杠杆的操作来获得利润,并运用金融创新等手段来控制自身的风险,但是从整个金融体系看,风险并没有因为金融机构实施创新的手段而消失,只是在体系内发生了转移。尤为重要的是随着现代金融业的不断发展,金融机构之间的关联程度不断增强,金融体系某一节点的机构一旦经营失败,那么其风险就会通过资产负债之间的关联等途径迅速传染给其他金融机构,严重时甚至会对整个金融体系造成巨大损失,并危害整个经济的稳健运行。测算风险溢出效应的模型有很多,如 MES、CoVaR 等,内部评级中资本要求的测算是依据 VaR 的思路,因此,在模型的选择上可以用 CoVaR 模型实现与内部资本要求计算思路的一致。选用银行与银行整体的收益率数据,CoVaR 模型可以计算出当银行处于极端情形时整个系统的 VaR 值。通过运用 CoVaR 模型得到各家银行对整个系统的风险溢出比例。

3.3.1.2 系统重要性银行附加资本的计提

风险溢出效应的度量是基于一定的数理模型和方法,而如何将系统重要性银行附加资本计提与商业银行风险溢出结合起来是本文的一个重点，也是难点。

根据差异化系统性风险附加资本监管框架提出时的分析，商业银行拥有的额外资本会对商业银行的溢出风险造成影响，这就可能导致上述风险溢出的计算存在差异，不能得到理想的结果。从资本覆盖风险的角度上看，资本与风险存在极其紧密的联系，资本水平是影响风险溢出效应的重要因素。另一方面，监管部门的监管容忍度也是决定系统重要性银行附加资本计提的另一因素。

在系统重要性银行附加资本计提机制的设计中，必须控制监管部门的容忍度水平以及风险溢出水平一致。这里的"一致"就是根据风险溢出的比例，将所有银行的溢出比例控制在同一水平上，计算出此时各银行的资本充足水平。这一资本充足水平与10.5%的差值就是各商业银行所需计算的系统重要性银行附加资本计提比例。其中，溢出水平可以由监管部门根据经济形势统一设定。

3.3.2 基于银行风险周期性的逆周期资本的计提

逆周期资本的计提最重要的环节是确定参考指标。逆周期资本应对信贷快速扩张，而银行的信贷行为受到内部风险管理制度的影响。经济上行期，银行资产的风险较小，信贷扩张速度加快；而在经济下行期，商业银行资产风险变大，银行会选择收缩信贷。因此，逆周期资本缓解信贷顺周期的同时也缓解了银行风险的顺周期性变化，从商业银行内部风险顺周期性出发来确定逆周期参考指标具有合理性。

3.3.2.1 银行风险的度量

对于商业银行风险的度量主要针对的是银行内部风险。就目前而言，经济资本是一个与银行内部风险等同的概念。在微观审慎的视角下，它与银行面临的内部风险一一对应。我们可以通过测算商业银行的经济资本,用经济资本的数值变化来表示商业银行内部风险的变化。

关于经济资本的度量,分为两种视角:一种是按照《巴塞尔协议 II》中所提及的对不同类型风险的经济资本分别进行测度,包括信用风险、操作风险和市场风险等,然后加总得到总体的经济资本;另一种则是自上而下的视角,从结合银行外部的表现与资产负债数据测算银行的经济资本(Schroeck, 2002)。《巴塞尔协议 II》中的经济资本度量方法有其局限性。一方面,银行数据不透明,获取不易;另一方面,信用风险、市场风险相互交织,如何确定各风险之间的相关性存在技术难点。因此,对于经济资本的度量,本文选择从自上而下的视角出发,根据 Schroeck 所提供的方法,只需要用股票市场数据、商业银行的信用评级数据以及商业银行的资产负债数据就能测算出各商业银行的经济资本。该方法公开、透明,正好能符合监管当局对商业银行实现监控的需求。

3.3.2.2 银行风险的顺周期性

按照前文所述,逆周期资本缓解银行风险的顺周期性特征。而逆周期资本的计提需要一个参考指标,该参考指标的选择应该是最能解释导致银行风险顺周期性的指标。上一环节,我们运用自上而下的方法测算出银行的经济资本。在这一环节,我们的主要工作就是要考察经济资本的顺周期性,也就是银行风险的顺周期性,需要确定经济资本是随经济周期还是随信贷周期波动。这里,我们可以将经济资本指标作为被解释变量,选择信贷变化率、信贷/GDP、GDP 变化率等作为解释变量,并选取银行的一些指标作为控制变量,通过回归手段筛选出显著性较高的指标,该指标就是最适宜的逆周期资本计提的参考指标。

3.3.2.3 逆周期资本的计提

在选取逆周期资本计提参考指标之后,进而可以确定逆周期资本计提方案,可以采用《巴塞尔协议Ⅲ》指引中设置参考指标上限、下限的方法来确定,这里就不赘述。当然,我们需要对比设置上下限与不设置上下限时,逆周期资本对经济资本顺周期性的缓释作用大小,从而确定最终的逆周期资本计提方案。

3.3.3 资本监管的反馈

根据计算出的系统重要性银行附加资本比例与逆周期资本比例就可以得到商业银行系统性风险附加资本要求。可以通过比较逆周期资本比例与系统重要性附加资本比例,来拟定银行业宏观审慎管理的重心,控制系统风险的触发点。商业银行资本监管具有滞后性,因为不管是系统重要性银行附加资本要求的确定还是逆周期资本要求的确定,都是基于历史数据,是对商业银行现有风险状况的评估,但是所提的资本要求是按照商业银行现在的发展态势,要求商业银行在未来某时点所需要具备的资本。因此,差异化系统性风险附加资本监管框架离不开一个资本监管的反馈机制,以考察商业银行是否依照监管部门的要求计提了相应的额外资本。商业银行的违约率指标能反映一家银行的风险水平与资本水平的匹配程度,在监管部门的系统性风险附加资本要求下,可以通过改进商业银行违约率的测算方法,使得该模型能用于资本监管反馈环节。通过改进违约率测算模型,构建资本监管合规率指标,计算在资本监管条件下商业银行合规率的变化,选择合规率低的商业银行作为银行资本监管的重点对象,采取监管强制手段参与银行资本管理过程。

3.4 本章小结

本章提出了全文所需要解决的问题,在此基础上提出相应的解决问题的思路和路径。

首先，阐述了《巴塞尔协议Ⅲ》中系统性风险附加资本计提机制存在的不足，以及系统性风险附加资本与微观审慎管理的核心经济资本管理之间的协调问题。《巴塞尔协议Ⅲ》将金融体系视为整体，认为风险是内生的，对商业银行提出了更高的、弹性化的资本管理要求，而这些额外的资本要求与强调微观审慎管理的《巴塞尔协议Ⅱ》之间需要协调。在《巴塞尔协议Ⅲ》的框架下，商业银行采用较为激进的经济资本管理策略将会削弱系统性风险附加资本计提的作用。系统性风险附加资本包括逆周期资本与系统重要性银行附加资本两部分。对于系统重要性银行附加资本计提框架而言，主要表现出两个方面的不足：一个是系统重要性银行附加资本要求没有体现出空间维度的系统性风险大小；另一个则是1%是否足以应对银行关联性。关于逆周期资本计提框架的不足，主要包括逆周期资本计提依据的指标的适用性问题，以及逆周期资本针对银行业整体"一刀切"并不能识别恶意竞争两个方面。

进一步地，为了解决以上问题，本章也提出了差异化系统性风险附加资本监管框架。一方面，要根据商业银行的系统性风险贡献来计提系统重要性银行附加资本；另一方面，针对逆周期资本计提参考指标的适用性，筛选出适应我国国情的参考指标，进而设计逆周期资本计提的方法。差异化系统性风险附加资本监管框架的内容主要包括基于风险溢出的商业银行系统重要性银行附加资本的计提、基于银行风险顺周期的逆周期资本的计提以及资本监管的反馈三个部分。逐一分析了差异化系统性风险附加资本监管框架是如何弥补以上协调问题与不足的，并提出了各个部分的实现方法和路径，为后续研究作铺垫。

第 4 章

基于Copula-CoVaR模型的风险 溢出效应的度量

第 4 章 基于 Copula–CoVaR 模型的风险溢出效应的度量

根据第 3 章所提出的差异化系统性风险附加资本监管框架，系统性风险监管属于宏观审慎监管的内容，然而，商业银行系统重要性银行附加资本的计提必须建立在微观银行个体数据基础上，实现系统重要性银行附加资本计提的过程就是一个宏观审慎管理与微观审慎管理对接的过程。商业银行对整个银行体系系统性风险贡献的测算是实现系统重要性银行附加资本计提的基础，而系统性风险贡献的测算方法多种多样。就监管部门而言，选择合适、透明度高、可操作性强的方法来度量系统性风险贡献可以提高机制设计的合理性和商业银行的可接受性。系统重要性银行是系统性风险防范的关键节点，而系统重要性银行是在整个银行体系中占主要地位的商业银行。本章拟采用上市银行为样本，并选择公开的股票市场数据和年报财务数据进行系统性风险贡献的度量。

4.1 Copula–CoVaR 模型

4.1.1 CoVaR 模型

我们都知道，无条件风险价值 VaR 的定义为：

$$Pr(X^j \leqslant VaR^j) = q \tag{4.1}$$

关于 CoVaR，根据 Adrian 和 Brunnermeier（2008）的定义，设有 i、j 两个金融机构，将此时的条件 VaR 值记为 $CoVaR_q^{j/i}$，表示当 i 金融机构出现问题时，j 金融机构的风险水平。用公式简单表示为：

$$Pr(X^j \leqslant CoVaR_q^{j/C(i)} | C(i)) = q \tag{4.2}$$

其中，$C(i)$ 表示 i 金融机构的某些风险事件，q 是分位点。$CoVaR_q^{j/i}$ 不仅包含了 j 金融机构自身的无条件风险价值 VaR^j，也包含了 i 金融机构对它的风险溢出效应。将 i 金融机构对 j 的溢出效应 $\Delta CoVaR_q^{j/i}$ 定义为：

$$\Delta CoVaR_q^{j/i} = CoVaR_q^{j/X^i = VaR^i} - VaR^j \tag{4.3}$$

商业银行内部评级法中关于资本要求的计算是根据银行在一定置信水平下无条件风险价值与预期损失的差额来确定的。CoVaR 模型能较好地将风险溢出效应与无条件风险价值放在同一计算框架内，使较为准确地为系统性风险计提资本成为可能。

4.1.2 Copula 连接函数

Copula 函数簇是一类将个研究对象的联合分布与各对象的边缘分布连接在一起的函数。它可以反映较为复杂的多元分布，并将多元分布分解为多个边缘分布与一个 Copula 函数的形式。Copula 理论最早是由 Sklar 于 1959 年提出的，他认为可以将一个联合分布分解成 k 个边缘分布和一个 Copula 函数。Copula 函数描述了变量之间的相关性。

根据 Nelsen（2006）关于多远 Copula 函数的定义：

N 元 Copula 函数是指具有以下性质的函数 $C(\cdot, \cdots, \cdot)$：

（1）定义域是^N；

（2）$C(\cdot, \cdots, \cdot)$ 有零基面且是 N 维递增的；

（3）$C(\cdot, \cdots, \cdot)$ 的边缘分布 $C_n(\cdot)$ 满足：$C_n(u_n) = C(1, \cdots, 1, u_n, 1, \cdots, 1) = u_n$，其中 $u_n \in$, $n = 1, \cdots, N$。

有了 Copula 函数的定义，再根据多元 Sklar 定理，如果 $F(\cdot, \cdots, \cdot)$ 为具有边缘分布 $F_1(\cdot), F_2(\cdot), \cdots, F_N(\cdot)$ 的联合分布函数，那么存在一个 Copula 函数 $C(\cdot, \cdots, \cdot)$，满足：

$$F(x_1, x_2, \cdots, x_N) = C(F_1(x_1), F_2(x_2), \cdots, F_N(x_N)) \tag{4.4}$$

如果 $F_1(\cdot), F_2(\cdot), \cdots, F_N(\cdot)$ 是连续的，则 $C(\cdot, \cdots, \cdot)$ 唯一确定；反之，如果 $F_1(\cdot), F_2(\cdot), \cdots, F_N(\cdot)$ 为一元分布，$C(\cdot, \cdots, \cdot)$ 为相应的

Copula 函数，那么由上式定义的 $F(\cdot,\cdots,\cdot)$ 为具有边缘分布 $F_1(\cdot),F_2(\cdot),\cdots,F_N(\cdot)$ 的联合分布函数。

同时，也可以得到多元分布的概率密度函数：

$$f(x_1,x_2,\cdots,x_N) = c[F_1(x_1),F_2(x_2),\cdots,F_N(x_N)]\prod_{n=1}^{N}f_n(x_n) \quad (4.5)$$

其中，$c(u_1,u_2,\cdots,u_N) = \dfrac{\partial C(u_1,u_2,\cdots,u_N)}{\partial u_1 \partial u_2 \cdots \partial u_N}$，$f_n(x_n)$ 是边缘分布 $F_n(x_n)$ 的密度函数，$n=1,\cdots,N$。

4.1.3 CoVaR 的计算

CoVaR 模型中关于 CoVaR 值的计算，是当 i 金融机构出现问题时，j 金融机构的风险水平。

若收益率序列 X^i、X^j，概率密度函数分别为 $f_i(x_i)$、$f_j(x_j)$，它们的联合概率密度函数为 $f(x_i,x_j)$，此时 X^i 的条件密度函数为：

$$f_{i|j}(x_i|x_j) = \frac{f(x_i,x_j)}{f_j(x_j)} \quad (4.6)$$

将 Copula 函数与上式相结合，进一步可以得到：

$$f_{i|j}(x_i|x_j) = \frac{c[F_i(x_i),F_j(x_j)]f_i(x_i)f_j(x_j)}{f_j(x_j)} = c[F_i(x_i),F_j(x_j)]f_i(x_i) \quad (4.7)$$

此时 i 金融机构的 CoVaR 值可以通过反解下式得到：

$$\int_{-\infty}^{CoVaR_q^{i|j}} c[F_i(x_i),F_j(VaR_q^j)]f_i(x_i)dx_i = q \quad (4.8)$$

商业银行的系统性风险贡献，主要是度量商业银行对于整个银行体系的风险溢出。在 Copula – CoVaR 模型应用过程中，我们选择整个银行体系的 CoVaR 作为目标，考察当某一银行出现问题时对整体银行体系的风险溢出。

4.2 数据处理与分析

4.2.1 数据来源与数据预处理

在计算风险溢出效应之前，首先要确定各上市银行与商业银行指数之间的相依结构。在我国16家上市银行样本中，考虑到宁波银行、南京银行和北京银行属于城市商业银行，其余13家为全国性的商业银行。就资产规模而言，2014年1季度，规模最大的城商行背景银行的资产是最小的股份制商业银行平安银行的0.66，而且13家全国性商业银行的资产占所有银行总资产的78.02%，故选择13家全国性商业银行作为系统重要性银行附加资本计提的分析样本。为了能使数据更好地反映银行收益率变化情况，选取13家上市银行2005年1月1日起至2014年12月31日股票市场日收盘价数据。各商业银行虽然上市时间的不同、开盘日期存在差异，但对研究各商业银行的收益率分布不会造成影响。对数据区间阐述如下：兴业银行始于2007年2月5日，农业银行始于2010年7月15日，交通银行始于2007年5月15日，工商银行始于2006年10月27日，光大银行始于2010年8月18日，建设银行始于2007年9月25日，中国银行始于2006年7月5日，中信银行始于2007年4月27日，平安银行、浦发银行、招商银行、民生银行还有华夏银行的数据都始于2005年1月4日。衡量银行体系整体的指标选用Wind数据库中的商业银行指数数据，其成分为16家上市银行。

表 4.1　　　　　　原始银行数据的描述性统计

	样本数	极小值	极大值	均值	标准差
平安银行	2 279	5.10	48.05	16.2866	8.15456
浦发银行	2 357	6.48	61.59	16.3077	11.26226

续表

	样本数	极小值	极大值	均值	标准差
华夏银行	2 335	3.55	23.19	9.7460	3.65800
民生银行	2 378	3.49	17.61	7.3078	2.91486
招商银行	2 363	5.90	45.47	14.7454	7.70791
兴业银行	1 902	8.65	67.08	22.9640	12.77431
农业银行	1 080	2.29	3.71	2.6237	0.17431
交通银行	1 844	3.63	16.81	6.5762	2.97970
工商银行	1 968	3.23	8.84	4.5553	1.02520
光大银行	1 052	2.34	4.90	3.0659	0.50694
建设银行	1 751	3.68	11.32	5.1144	1.38911
中国银行	2 051	2.45	7.48	3.6488	1.05550
中信银行	1 848	3.41	12.57	5.5726	1.98475

上市银行的日收益率 $\mu_t = \ln P_t - \ln P_{t-1}$，$P_t$ 为该日的收盘价，各收益率序列的描述性统计如表 4.2 所示，商业银行指数的收益率随后也相同处理。由于上市银行停盘、开盘的时间存在区别，为了分析各银行对系统的风险溢出效应，需要将商业银行指数与各商业银行的开盘日期对应。以平安银行与浦发银行为例，从表中可知，平安银行的样本数为 2 278，意味着从 2005 年 1 月 1 日开始到 2014 年 12 月，共有 2 279 个开盘日，浦发银行共有 2 357 个开盘日。通过日期的匹配，当天的商业银行收益率变化就对应当天的商业银行指数变化。此时，就有 2 278 个商业银行指数与平安银行收益率序列对应，2 356 个商业银行指数与浦发银行的收益率序列对应。从极小值上看，像平安银行和民生银行，收益率的极小值达到 -0.5429 和 -0.4657，这些属于异常情况。

表 4.2　　各商业银行收益率序列的描述性统计

	样本数	极小值	极大值	均值	标准差
平安银行	2 278	-0.5429	0.0959	0.000390	0.0310612
浦发银行	2 356	-0.3610	0.0956	0.000350	0.0287419
华夏银行	2 334	-0.3408	0.0959	0.000509	0.0281110

续表

	样本数	极小值	极大值	均值	标准差
民生银行	2 377	-0.4657	0.0962	0.000295	0.0283712
招商银行	2 362	-0.3631	0.0956	0.000300	0.0256607
兴业银行	1 901	-0.6198	0.0958	-0.000156	0.0326244
农业银行	1 079	-0.0968	0.0964	0.000295	0.0128512
交通银行	1 843	-0.1095	0.0962	-0.000374	0.0217730
工商银行	1 967	-0.1233	0.0958	0.000201	0.0186908
光大银行	1 051	-0.0884	0.0966	0.000274	0.0173188
建设银行	1 750	-0.1064	0.0957	-0.000135	0.0185334
中国银行	2 050	-0.1048	0.0968	0.000044	0.0180004
中信银行	1 847	-0.1055	0.0961	-0.000181	0.0244148

4.2.2 边缘分布的确定

受篇幅限制，仅汇报工商银行系统性风险贡献测算的详细过程，其余12家商业银行的测算过程类似。

根据前文分析，我们已经将商业银行指数收益率数据与工商银行收益率数据进行一一对应，绘制这两组数据的频率直方图，了解工商银行收益率以及商业银行指数收益率的大体分布情况。将工商银行的收益率数据和商业银行指数收益率数据分成50个区间绘制频率图（如图4.1）。从图中可以看出，工商银行的收益率、商业银行指数收益率均呈现尖峰后尾的特性；而商业银行指数更为集中，大部分的收益率数据都是围绕在中心附近。两个收益率序列虽然存在一定的差别，但整体的规律一致。从图中也可看到，在尾部都只分布有极少数的数据，这也与我国股票指数具有涨停和跌停的限制有关，但是这并不影响我们对于系统性风险的研究，股市的涨、跌停限制，只是使得银行不会出现更为极端的情形，从系统性风险防范的角度出发，也有利于宏观金融稳定，当出现危险信号时，能给予监管部门更多缓冲时间。

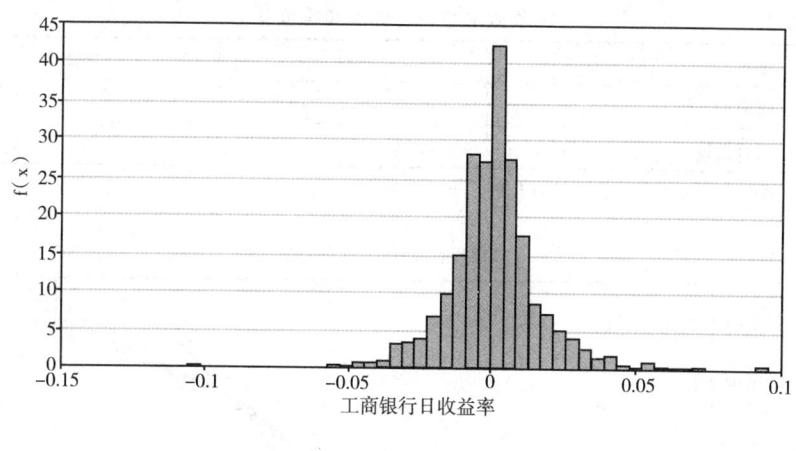

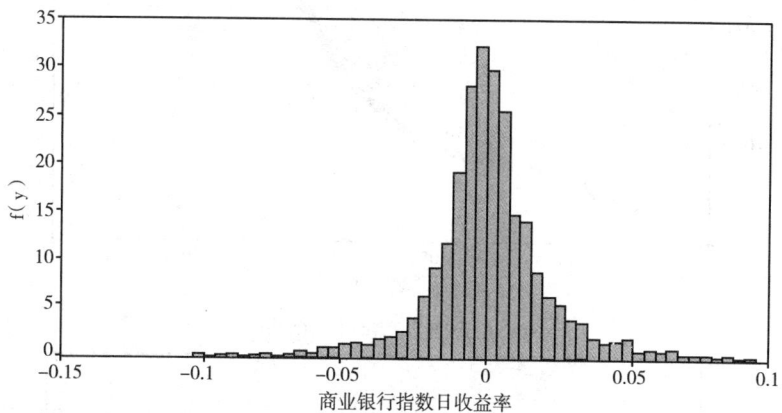

图 4.1 收益率序列的频数分布图

进一步地,在构造 Copula 函数之前,需要确定工商银行与商业银行指数收益率的边缘分布,应用 SPSS 17.0 软件对工商银行以及对应的商业银行指数收益率数据进行描述性统计,并绘制 Q - Q 图,结果如表 4.3 和图 4.2 所示。从表 4.3 可知,两个收益率序列的描述性统计的偏度和峰度均大于零,偏度大于零意味着收益率序列是右偏的,而峰度大于零意味着是序列呈尖峰状,所以说,结合这两者我们就可以知道收益率序列具有尖峰后尾的特征。从图 4.2 中也可以得到类似的结论。

表 4.3　　　　　　　　　收益率序列的偏度和峰度

	样本数	偏度		峰度	
工商银行	1 967	-0.012	0.055	6.565	0.110
商业银行指数	1 967	0.053	0.055	3.573	0.110

注：偏度和峰度的第一列为统计量值，第二列为标准误。

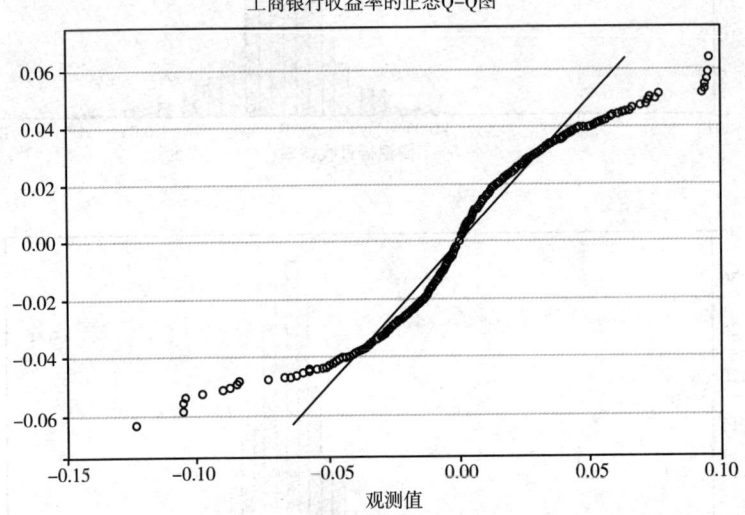

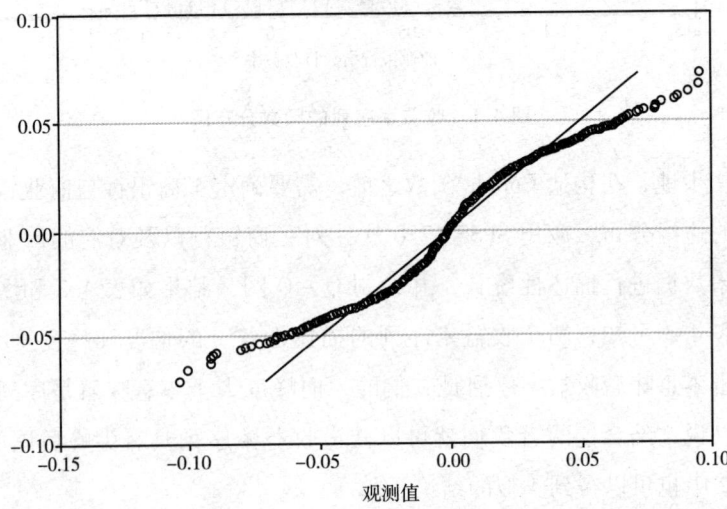

图 4.2　收益率序列的 Q - Q 图

第4章 基于 Copula – CoVaR 模型的风险溢出效应的度量

为了进一步确定收益率序列是否服从正态分布,用 matlab2012 对两个收益率序列作 K – S 检验和 Jarque – Bera 检验。

表 4.4　　　　　　　　收益率序列的正态性检验

检验方法	K – S 检验		Jarque – Bera 检验	
	统计量 Z	统计量 Z	统计量 Z	P 值
工商银行收益率	0.4711	0	3.1018e + 3	1.0000e – 3
商业银行指数收益率	0.4612	0	860.5085	1.0000e – 3

从收益率序列的偏度和峰度以及图 4.2 就可以定性地看出工商银行的收益率序列以及商业银行指数的收益率序列不服从正态分布,而表中 K – S 检验和 Jarque – Bera 检验定量证明了这一结论。在表中,工商银行的日收益率序列和商业银行指数的收益率序列的检验的 P 值都接近于零,拒绝服从正态分布的假设。

因为收益率序列拒绝了正态分布的假设,因此,采用非参数的核密度估计来对收益率序列的边际分布进行拟合,考察是否可以用核密度估计来拟合收益率序列。估计的分布函数与样本分布函数的对比图如图 4.3:

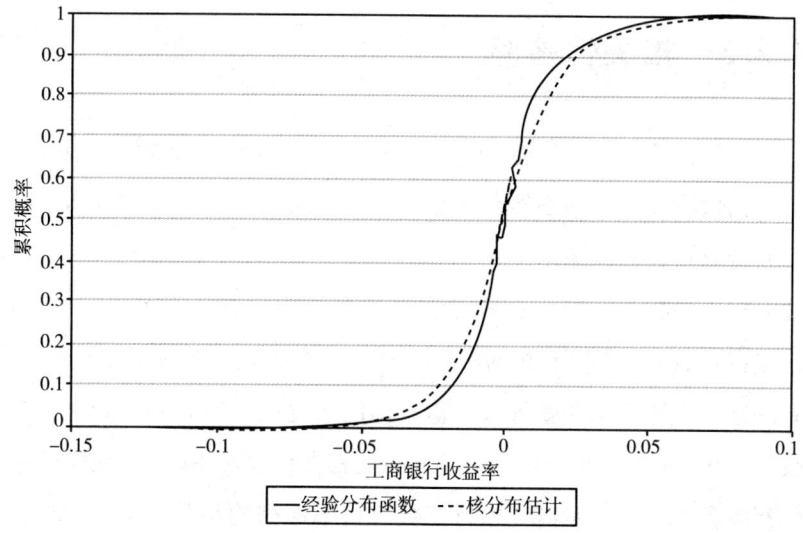

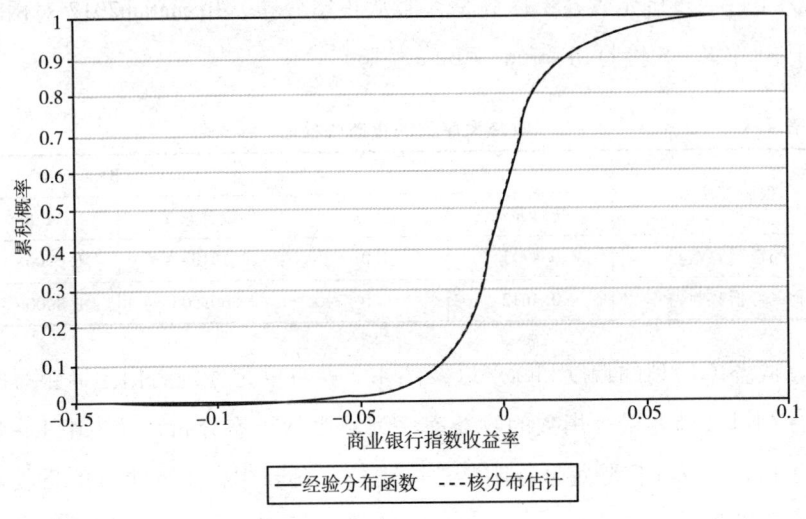

图 4.3 收益率曲线拟合效果图

非参数的核密度估计对商业银行指数收益率样本的拟合效果较好，而对于工商银行收益率序列，从区间的拟合效果相对较差，但系统性风险主要考虑的左侧尾部小概率的情形，在这一方面，核密度估计可以较好地符合我们的需求。

4.2.3 相关性检验

商业银行指数是根据各商业银行的数据进行编制，工商银行的收益率与商业银行指数收益率之间必然存在着一定的相关关系，通过绘制两个收益率序列的联合分布关系如图 4.4。

商业银行指数与工商银行收益率序列在中间位置特别突出，也就是说，当工商银行指数处于某一值的时候，商业银行指数也大多在相应值附近波动。从二者的联合频数分布图就可以大体看出两者之间存在较强的相关关系。进一步采用 Pearson 相关性检验、Spearman 秩相关检验和 Kendall 秩相关检验对工商银行收益率序列以及商业银行指数收益率序列的相关性进行分析，结果如表 4.5 所示。

第 4 章 基于 Copula–CoVaR 模型的风险溢出效应的度量

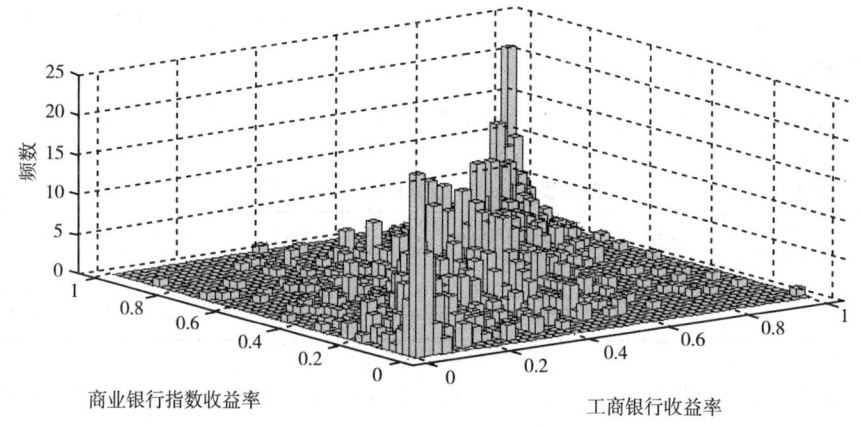

图 4.4 联合收益率序列频数分布图

表 4.5   相关性检验

Pearson 检验		Spearman 检验		Kendall 检验	
相关系数	概率	相关系数	概率	相关系数	概率
0.8413	0.000	0.8440	0.000	0.6763	0.000

从表中可以看出,三种相关性检验的 P 值都为零,表明两个收益率序列之间存在十分显著的相关关系;同时,相关系数均为正值且较大,说明工商银行的收益率序列与商业银行指数收益率序列正向相关。

4.3 Copula 相依结构的确定

进一步地,采用 Copula 函数拟合工商银行收益率序列与商业银行指数收益率序列之间的相关关系。Copula 函数有很多,如何在这些 Copula 函数中选出最合适的来描述工商银行收益率序列以及商业银行指数收益率序列的边缘分布的相依结构是进一步分析的关键。本文选择五种常用的 Copula 函数,包括椭圆形 Copula 函数族中的 Gussian–Copula 和 t–Copula,以及阿基米德 Copula 函数族中的 Gumbel–Copula、Clayton–Copula 和 Frank–Copula,来拟合二个收益率序列的联合分布。另外,设定最优拟合函数的判断标准,即拟合函数与原始序列之间的平方欧式距离越小就表明该函数的拟合效果越佳，通过计算各类型 Copula 拟合函数的平方欧式距离来筛选最优拟合函数。不同 Copula 函数拟合的参数估计值如表 4.6 所示。

表 4.6　　　　各类型 Copula 函数的参数估计值

函数	Gaussian	t – Copula		Gumbel	Clayton	Frank
	ρ	ρ	k	α	α	α
参数值	0.8560	0.8736	3.4788	2.9367	2.6908	10.6475

其中，ρ 为线性相关系数，k 为自由度，α 为阿基米德函数族中的参数。在得到这些参数的基础上，进一步考察这些函数的拟合效果。

如果 (x_i, y_i) 是二维联合分布 (X, Y) 的样本点，记 X 和 Y 的经验分布函数为 $F_n(x)$ 和 $F_n(y)$，此时样本的经验 Copula 函数如下：

$$\hat{C}_n(u,v) = \frac{1}{n}\sum_{i=1}^{n} I_{(F_n(x) \leq u)} I_{(F_n(y) \leq v)}, \quad u,v \in [0,1] \quad (4.9)$$

其中，$I_{(.)}$ 为特征值函数，当 $F_n(x_i) \leq u$ 时，$I_{(F_n(x_i) \leq u)} = 1$，否则，$I_{(F_n(x_i) \leq u)} = 0$。

拟合出来的二元 Copula 函数和经验 Copula 函数之间的平方欧式距离可以表示为：

$$d_{fit}^2 = \sum_{i=1}^{n} |\hat{C}_n(u_i, v_i) - \hat{C}_{fit}(u_i, v_i)|^2 \quad (4.10)$$

其中，$\hat{C}_{fit}(u_i, v_i)$ 为拟合的二元联合分布。通过上式计算得到各类型 Copula 函数的平方欧式距离如表 4.7 所示。

表 4.7　　　　各类型 Copula 函数的平方欧式距离

函数	Gaussian	t – Copula	Gumbel	Clayton	Frank
欧式距离	0.1814	0.1776	0.2295	1.1600	0.4630

平方欧式距离越小，表明 Copula 函数的拟合效果越好。从表 4.7 可知，t – Copula 函数的平方欧式距离最小，也就是说 t – Copula 函数拟合优度最高。

绘制拟合的二元正态 Copula 密度函数图（见图 4.5）和二元 t-copula 密度函数图（见图 4.6），将二者的拟合图与联合收益率序列频数分布图进行对比，很明显就可以发现，t-copula 密度函数图的拟合效果更好。就最高点而言，联合收益率序列频数分布图的最高点达到了 20，二元正态 Copula 密度函数图的最高点只达到了 9，t-copula 密度函数图的最高点达到了 15。因此，对比各 Copula 函数的拟合效果，选择 t-copula 函数作为衡量工商银行收益率与商业银行指数收益率联合分布的 Copula 函数。

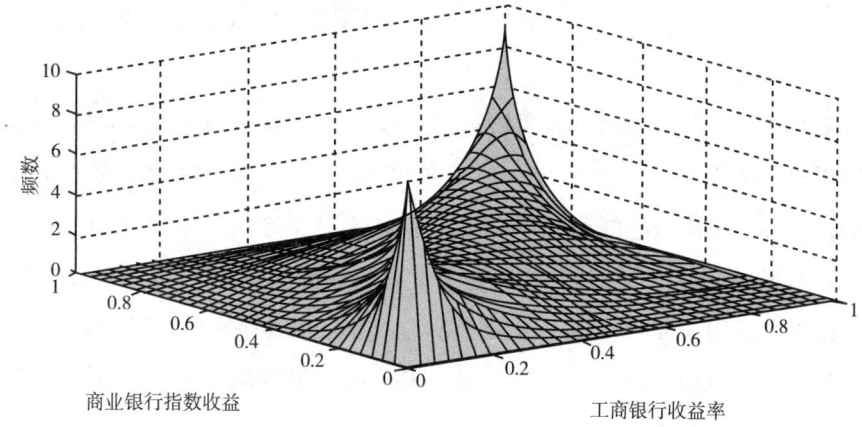

图 4.5　二元正态 Copula 密度函数图

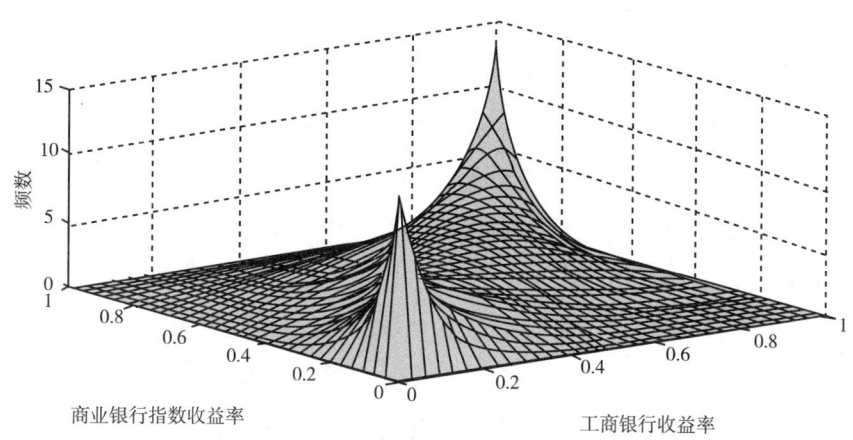

图 4.6　二元 t-Copula 的密度函数图

4.4　商业银行的系统性风险贡献的计算

4.4.1　CoVaR 的计算

确定了工商银行收益率序列与商业银行指数收益率之间的相依结构之后，我们就可以计算工商银行对于银行体系的系统性风险贡献。在考虑系统性风险贡献的时候，考察的时点是当银行出现危机的时候。银行出现危机的情况一般用较为极端的分位点表示，一般可以选用1%、2.5%、5%等分位点。当然，不同的分位点选择会对我们的计算结果产生影响。这里选用2.5%分位点的情形来说明风险溢出效应的计算过程。根据上述 t‑Copula 函数的参数估计结果，采用 Monte Carlo 模拟来计算工商银行对整个系统的风险溢出。

第一步，根据随机生成满足上述 t‑Copula 函数的两列累积概率序列，每一序列含有 1 000 个数据。

第二步，筛选出当工商银行处于 2.5% 的分位点时，整个系统的累积概率值。

第三步，重复上述过程 10 000 次。

由此，就得到了当工商银行处于危机状态下整个系统的累积概率分布情况，按从小到大排列后得到图 4.7。根据 CoVaR 的定义，当工商银行处于危机时，整个系统在分位点 2.5% 的累积概率为 0.006027，再根据相应的累积概率读取原始序列的分位点值，该分位点下的商业银行指数收益率数据就是当工商银行处于危机时，整个系统的风险状况，即 CoVaR 值。然后，从原始序列中读取 2.5% 的分位点值，作为正常的 VaR 值，进一步就可以得到工商银行对整个银行体系的系统性风险贡献为 45.78%（如表 4.8 所示）。

第4章 基于 Copula – CoVaR 模型的风险溢出效应的度量 | 95

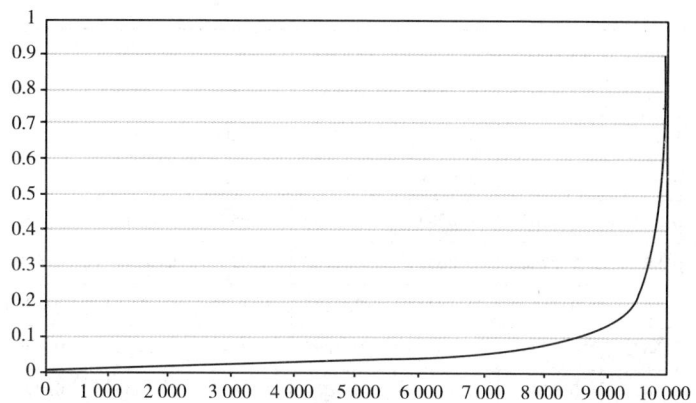

图 4.7 工商银行处于危机时系统的累积概率分布情况（2.5% 分位点）

表 4.8 工商银行的风险溢出效应（2.5% 分位点）

序列	VaR	CoVaR	△CoVaR	△CoVaR/VaR
商业银行指数	-0.0470	-0.0685	-0.0215	0.4578

4.4.2 各商业银行的系统性风险贡献

与工商银行的算法相同，先确定适应的相依结构，然后再通过 monte carlo 模拟来产生符合相应相关关系的收益率序列，进而得到另外 12 家上市商业银行的风险溢出效应。

各银行 Copula 函数的选择如表 4.9 所示。除了农业银行服从 Clayton – Copula 函数，还有中国银行服从 Gaussia – Copula 函数以外，其他银行收益率与商业银行指数收益率序列都服从 t – copula 函数的相依结构。

表 4.9 各商业银行的 Copula 函数

银 行	clay2	frank2	gaussian	gumbel	t	函数选择	参数	
平安银行	1.1278	0.2644	0.056	0.1379	0.017	t – Copula	0.866	2.9622
浦发银行	1.1041	0.2645	0.0792	0.1066	0.022	t – Copula	0.9129	2.7903
华夏银行	0.9446	0.2957	0.0732	0.1836	0.038	t – Copula	0.8706	2.8154

续表

银 行	clay2	frank2	gaussian	gumbel	t	函数选择	参数	
民生银行	1.1788	0.2865	0.0548	0.13	0.0373	t-Copula	0.9061	3.7161
招商银行	1.195	0.2809	0.0599	0.087	0.0266	t-Copula	0.9183	3.3355
兴业银行	0.8899	0.2558	0.0419	0.1015	0.022	t-Copula	0.9061	2.9855
农业银行	0.9685	1.4102	1.0203	1.0965	1.0548	Clayton	1.8379	—
交通银行	0.8532	0.2768	0.0637	0.1337	0.0532	t-Copula	0.8904	3.1318
工商银行	1.16	0.463	0.1824	0.2295	0.1776	t-Copula	0.8736	3.4788
光大银行	0.6675	0.5279	0.2688	0.3293	0.264	t-Copula	0.8595	3.7549
建设银行	0.9477	0.4546	0.1652	0.2252	0.1615	t-Copula	0.874	3.3058
中国银行	1.2207	0.7724	0.335	0.4097	0.3561	Gaussian	0.834	—
中信银行	1.1013	0.2246	0.0735	0.1144	0.0414	t-Copula	0.8476	3.5705

进一步地，按照一般风险溢出的研究思路，本文选择分位点为2.5%的情况进行分析，得到表4.10。表4.10中的 VaR 值是与各银行相对应的商业银行指数收益率在2.5%点处的值。从表中可以看到，这些值有大有小，这是因为每家银行上市时有差异，像农业银行与光大银行2010年才上市，并没有2007~2009年危机时候的数据，因此相对于其他银行来说，他们的 VaR 值较大，分别为-0.0236和-0.0237，其他银行都在-0.044左右。因此，风险溢出的大小主要考察 $CoVaR$ 项，$CoVaR$ 的计算包含了各银行收益率数据之间的差异，为了让各银行之间具有可比性，采用 $\triangle CoVaR/VaR$ 的相对值进行比较。

风险溢出的度量是资本计提的依据，通过对商业银行风险溢出效应的度量，这并不存在国有大型商业银行风险溢出大，而商业银行风险溢出小的现象。从表4.10可以发现，风险的溢出效应在各银行之间存在较大的区别。

表4.10　各商业银行的风险溢出效应（2.5%分位点）

银 行	VaR	$CoVaR$	$\triangle CoVaR$	$\triangle CoVaR/VaR$
平安银行	-0.0425	-0.0669	-0.0244	0.5734
浦发银行	-0.0441	-0.0628	-0.0187	0.423
华夏银行	-0.0444	-0.0668	-0.0224	0.5063

续表

银　行	VaR	CoVaR	△CoVaR	△CoVaR/VaR
民生银行	-0.0435	-0.0639	-0.0204	0.4699
招商银行	-0.0436	-0.0632	-0.0196	0.4477
兴业银行	-0.0469	-0.0668	-0.0199	0.4228
农业银行	-0.0236	-0.0386	-0.015	0.6364
交通银行	-0.0468	-0.067	-0.0202	0.4314
工商银行	-0.047	-0.0685	-0.0215	0.4578
光大银行	-0.0237	-0.0403	-0.0166	0.7001
建设银行	-0.0448	-0.0686	-0.0238	0.5309
中国银行	-0.0466	-0.0799	-0.0333	0.7144
中信银行	-0.0468	-0.0715	-0.0247	0.5271

注：表中 VaR 值商业银行指数 2.5% 分位点的值。

在表 4.10 中，兴业银行和浦发银行的风险溢出是最小的，而中国银行与光大银行的风险溢出最大。此外，工商银行是全球的系统重要性银行，而工商银行、建设银行的风险溢出效应较平安银行低。按照肖璞等（2012）用来衡量商业银行系统重要性的方法，意味着平安银行比工商银行和建设银行的系统重要性要高，这显然不符合我们的认知。商业银行计提附加资本以应对银行体系的风险溢出，表明资本可以抵补溢出的风险，也是导致产生上述结果的一个重要原因，成为计提系统重要性银行附加资本的重要思路。

4.5　本章小结

本章主要利用 Copula-CoVaR 方法来度量商业银行对银行体系的系统性风险贡献。通过采用上市银行的股票收益率数据与商业银行指数，研究各商业银行与这些商业银行所构成的系统之间的关系。用 Copula 函数拟合各商业银行收益率序列与商业银行指数收益率序列间的相依结构，然后再通过 monte carlo 模拟得到符合相应结构的累积概率，读取相应商业银行指数收益率序列分位点下的 CoVaR 值。因为银行样本上市时间存在差异，这使得 $\triangle$CoVaR 在银行间不具有可比性。采用相对的指标使各银行之间的风险溢出效应具有可比性，但是结果发现各银行之间的风险溢出效应存在较大差别，同时也出现平安银行比工商银行风险溢出效应更大的结果。然而，根据《巴塞尔协议Ⅲ》所提额外资本对风险溢出的吸收作用，各商业银行资本水平的不同是导致系统性风险贡献的度量结果差异的重要原因。本章风险溢出效应的度量也为系统重要性银行附加资本的计提提供了依据。

第 5 章

基于风险溢出效应的系统重要性银行附加资本的计提

系统重要性银行附加资本的计提是为了应对商业银行对银行体系的潜在风险溢出，系统性风险贡献大的银行是系统重要性银行，相应地需要计提更多的系统重要性附加资本。所以，系统重要性银行附加资本的计提离不开对商业银行系统重要性的评价。同时，系统重要性银行附加资本的计提水平是监管部门在宏观审慎的视角下对商业银行提出的额外要求，关系到监管部门对系统性风险的容忍程度，也意味着系统重要性银行附加资本的计提还与监管部门的容忍度有关。监管部门的容忍度与许多因素有关，包括经济发展、宏观货币政策、银行目前的风险水平、国际监管标准等，这将是一个较为复杂的系统工程。在这一章在研究的过程中，拟将监管容忍度作合理的假设，最后在不同的假设情景下研究商业银行商业银行系统重要性附加资本的计提。

5.1 系统重要性银行附加资本与银行系统重要性

系统重要性银行附加资本与系统重要性评价之间存在辩证关系。一方面，系统重要性银行附加资本的计提肯定要先评价出系统重要性银行，否则资本计提缺乏依据；而另一方面，具有系统重要性的银行需要计提更多的资本。

商业银行的系统重要性是指商业银行在银行体系中的地位，宏观审慎管理的视角下，系统重要性银行是指那些由于自身经营危机可能导致整个系统处于危机中的银行。然而，截至目前，系统重要性银行没有一个正式的定义，《巴塞尔协议Ⅲ》只是给出了一个系统重要性的评估框架。该框架指出，系统重要性银行需要计提比非系统重要性银行更多的资本。因此，系统重要性银行附加资本计提的多少可以成为系统重要性银行评价的标准。

系统重要性银行是防范系统性风险的关键节点，按照美联储的提案要求，系统重要性银行需要计提附加资本，以应对商业银行对银行体系的潜在风险溢出，即要根据系统重要性银行对银行体系风险溢出计提系统重要性附加资本。商业银行系统重要性是一个相对的概念,需要通过比较来确定更具系统重要性的银行,而比较的依据则是商业银行对银行体系的系统性风险贡献。本文提出的系统重要性银行附加资本同样建立在系统性风险贡献测度的基础上。

因此,基于风险溢出的系统重要性银行附加资本计提机制必须包含商业银行系统重要性的评价过程,缺少对商业银行系统重要性评价的系统重要性银行附加资本监管机制是不完整的。

5.2 系统重要性银行附加资本计提的影响因素

根据前文所述,商业银行所拥有的额外资本对于系统性风险贡献具有吸收的作用。当银行所拥有的额外资本水平不同(不考虑为了应对未来可能出现损失的可能性而留存的资本,而且根据《资本管理办法》商业银行的留存资本的比例是相同的,这不会对本文的研究造成影响)时,它对银行体系的系统性风险贡献也会不同,所以,系统重要性银行附加资本计提必须建立在同一标准的基础上。接下来,对系统重要性银行附加资本计提的影响因素进行分析。

5.2.1 商业银行的资本充足水平

前面的分析中提到银行额外的资本金会吸收溢出的风险,使商业银行对银行系统的风险溢出减小,资本充足情况的不同也就会导致风险溢出情况存在差别。以各商业银行2013年半年报和年报为例。从表5.1中可以看出,平安银行的资本充足水平较低,仅为8.78%和9.9%,而工商银行和建设银行的资本充足率都超过了13%。也就是说,工商银行和建设银行超额的资本吸收了风险的溢出,减少它们对于系统的风险溢出,因此才会出现诸如表4.10的情形。如果平安银行的资本充足率达到与工商银行一个水平,那么它的风险溢出将会大大降低,那时我们才可以判断出各商业银行系统性风险贡献的大小。

表 5.1 各商业银行资本充足情况

银 行	2013 年半年报		2013 年年报	
	资本充足率（%）	风险加权资产（百万元）	资本充足率（%）	风险加权资产（百万元）
平安银行	8.78	1 071 981	9.9	1 170 412
浦发银行	11.2	2 181 562	10.85	2 381 451
华夏银行	9.88	1 032 276	9.88	1 069 456
民生银行	9.92	2 415 512	10.69	2 325 105
招商银行	10.72	2 514 757	11.14	2 744 991
兴业银行	11.1	2 173 117	10.83	2 310 092
农业银行	11.81	8 612 951	11.86	9 065 631
交通银行	12.68	3 930 702	12.08	4 274 068
工商银行	13.11	11 108 508	13.12	11 982 187
光大银行	9.67	1 611 406	10.57	1 658 861
建设银行	13.34	9 282 020	13.34	9 872 790
中国银行	12.14	9 114 544	12.46	9 418 726
中信银行	11.47	2 391 470	11.24	2 600 494

5.2.2 监管容忍度

系统重要性银行附加资本的计提与监管部门的容忍度有关,而监管部门的容忍度又是未知的。为了能充分发挥银行调节经济的功能,从宏观层面与银行微观行为有机地结合起来,一方面保证宏观经济目标的实现,另一方面使商业银行的风险在可控范围,使得监管部门的容忍度在不同的经济时期具有不同的特征,也赋予监管容忍度更为复杂的特性。

系统重要性银行附加资本的计提依据商业银行的系统性风险贡献。在商业银行系统性风险贡献测度过程中，监管容忍度最终体现于风险溢出的置信水平，包括两个方面：一方面是商业银行极端事件的假设，如前文中工商银行处于2.5%分位点的情形；另一方面是对银行体系极端情形的假设，如前文当工商银行处于极端情形时，系统的分位点选取的也是2.5%。监管部门可以根据宏观经济运行状况、货币政策的目标等来确定一合理的置信水平。如果监管部门觉得此时的银行还不是极端的情形，那么同样可以选择当商业银行出现1%分位点时的情形。同样，对于银行体系极端情形的假设也可以更为严格。

为了研究的方便与研究结果的可比性，将商业银行的极端情形固定，也就是说，选择当银行出现分位点为2.5%的时候作为极端风险事件；同时，可以根据对银行体系采取不同容忍度水平，如更严格的1%分位点或更宽松的5%分位点的情形。

5.3　不同监管容忍度下的风险溢出

前面已经计算了在2.5%置信水平下商业银行对银行体系的风险溢出，同样可以得到银行体系在1%和5%置信水平下各商业银行的风险溢出水平（如表5.2）。可以将这三种不同的置信水平定义为容忍度低、容忍度一般、容忍度高的情形。容忍度低的情形对应的是1%分位点。从表中可以看到，随着容忍度的提高，CoVaR的值逐渐变小，风险溢出效应 $\triangle$CoVaR 则随之逐渐下降。通过比较1%、2.5%、5%下各商业银行的 $\triangle$CoVaR 值，发现随着置信水平的变小，商业银行的风险溢出随之提高，即在1%的置信水平下，商业银行的风险溢出最大。从表中我们还可以发现，因为序列之间分布的不同，在2.5%风险溢出的商业银行的排序与1%和5%时的排序是不一样的。工商银行和交通银行在1%的时候风险溢出最小，而在容忍度为2.5%和5%

时候并不相同：2.5%的容忍度水平下，风险溢出最小的是农业银行；5%的监管容忍度水平下，风险溢出最小的是兴业银行。从这里我们也可以看到，在不考虑资本水平对于风险溢出的吸收效果时，这一系统重要性银行评价方式对监管容忍度有较大的依赖性，不同的监管容忍度水平会产生不一样的评价结果。

表 5.2　　不同容忍度下各商业银行的风险溢出效应

银　行	VaR	CoVaR			△CoVaR		
		1%	2.5%	5%	1%	2.5%	5%
平安银行	-0.0425	-0.0916	-0.0669	-0.0483	-0.0491	-0.0244	-0.0058
浦发银行	-0.0441	-0.0918	-0.0628	-0.0475	-0.0477	-0.0187	-0.0034
华夏银行	-0.0444	-0.0918	-0.0668	-0.0485	-0.0474	-0.0224	-0.0041
民生银行	-0.0435	-0.0914	-0.0639	-0.0484	-0.0479	-0.0204	-0.0049
招商银行	-0.0436	-0.0915	-0.0632	-0.0481	-0.0479	-0.0196	-0.0045
兴业银行	-0.0469	-0.0918	-0.0668	-0.0494	-0.0449	-0.0199	-0.0025
农业银行	-0.0236	-0.073	-0.0386	-0.0264	-0.0494	-0.015	-0.0028
交通银行	-0.0468	-0.0916	-0.067	-0.0509	-0.0448	-0.0202	-0.0041
工商银行	-0.047	-0.0918	-0.0685	-0.0525	-0.0448	-0.0215	-0.0055
光大银行	-0.0237	-0.0784	-0.0403	-0.0273	-0.0547	-0.0166	-0.0036
建设银行	-0.0448	-0.0918	-0.0686	-0.0511	-0.047	-0.0238	-0.0063
中国银行	-0.0466	-0.1018	-0.0799	-0.0567	-0.0552	-0.0333	-0.0101
中信银行	-0.0468	-0.0932	-0.0715	-0.0519	-0.0464	-0.0247	-0.0051

注：表中 VaR 值商业银行指数 2.5% 分位点的值。

5.4　商业银行系统性重要性评价

从前文的分析我们知道，在计算系统重要性银行附加资本的时候必须要控制各商业银行具有相同的风险溢出水平。设定当商业银行银行出现问题时，对系统的风险溢出效应为零。也就是说，考察在不同的监管容忍度下，各商业银行的风险溢出水平为零风险溢出时的资本充足情况。零风险溢出的时候是 $\triangle$ CoVaR 等于零，这也就意味着此时商业银行的 CoVaR 就是各商业银行所对应的银行系统 VaR 值。

要得到风险溢出为零的时候商业银行的资本充足情况，目标是从序列中找到此时商业银行的风险事件。也就是说，商业银行风险处于一个什么水平时，它对银行体系的风险溢出 $\triangle$ CoVaR 为零，这就需要我们根据银行系统 VaR 值找出相应的原始序列的收益率值。具体地说，对于某银行的收益率序列以及与它对应的商业银行指数收益率序列，其 2.5% 分位点的收益率分别为 a 和 b，此时 a 对应的 CoVaR 为 b1，那么风险溢出就为 b1 - b。此时，控制零风险溢出就是使得 CoVaR 为零，即 b1 - b = 0。此时对应的收益率为 a1，有 a1 > a 成立，更严格的条件对商业银行的风险的约束更强。起初，2.5% 分位点 a 是可以容忍的，但是在控制零风险溢出之后，商业银行必须采用增加资本的手段，让 a1 成为新的 2.5% 分位点（零风险溢出时商业银行的风险事件），收益率为 a 的情形则变为更为极端的情形。

以容忍度水平为 2.5% 为例进行说明，具体的求解思路如下：

第一步，与前文的模拟过程一样，根据最优的 Copula 函数随机产生符合条件的联合累积概率序列 $u(x)$、$v(y)$[vii]，每次产生 10 000 对数据，这一过程模拟 1 000 次。

第二步，每一次模拟产生 10 000 对数据后，累积概率序列 $v(y)$ 都按照 $u(x)$ 的大小进行排序，此时 $u(x)$ 从小到大排列，$v(y)$ 也相应发生变化。

第三步，对每一分位点上的 $u(x)$，读取 2.5% 分位点的 $v(y)$，依照模拟过程，这样的 $v(y)$ 共有 10 000 个，将该序列记为 p，p 是 $v(y)$ 所有的 2.5% 分位点。

第四步，将累积概率序列 p 中的概率与商业而银行收益率序列的数值一一对应，得到新的序列 q。

第五步，将目标 CoVaR 在序列 q 中找出，对应的编号与 10 000 比值就是 $u(x)$ 的目标分位点。

第六步，在原始收益率序列 x 中读取将目标分位点的值。

计算结果如表 5.3 所示：

表 5.3　　目标分位点及收益率变化情况（2.5%分位点）

银　行	目标 CoVaR	目标分位点	对应的收益率	2.5%分位点的收益率	收益率变化
平安银行	-0.0425	9.64%	-0.0297	-0.0545	0.0248
浦发银行	-0.0441	7.47%	-0.0316	-0.0582	0.0266
华夏银行	-0.0444	8.72%	-0.0301	-0.0606	0.0305
民生银行	-0.0435	8.28%	-0.0283	-0.0490	0.0207
招商银行	-0.0436	8.05%	-0.0274	-0.0518	0.0244
兴业银行	-0.0469	8.69%	-0.0323	-0.0613	0.0290
农业银行	-0.0236	22.43%	-0.0074	-0.0233	0.0159
交通银行	-0.0468	7.53%	-0.0282	-0.0482	0.0200
工商银行	-0.0470	9.48%	-0.0190	-0.0346	0.0156
光大银行	-0.0237	9.77%	-0.0167	-0.0328	0.0161
建设银行	-0.0448	9.34%	-0.0195	-0.0392	0.0197
中国银行	-0.0466	12.31%	-0.0149	-0.0378	0.0229
中信银行	-0.0468	9.56%	-0.0273	-0.0511	0.0238

从表中可以看出，序列所服从的分布不同对于目标分位点有较大的影响，符合 clayton-copula 分布的农业银行收益率序列在容忍度为 2.5% 的目标分位点达到了 22.43%，gaussian-copula 分布的中国银行业达到了 12.31%，其他商业银行的目标分位点基本上都集中于 10% 以下。浦发银行与交通银行的目标分位点是最小的，都在 7.5% 附近。这也表示，这两家银行的资本比其他商业银行而言相对充足。而对于收益率变化，工商银行、光大银行、农业银行的收益率变化较小，华夏银行和兴业银行的变化最大。综合来看，农业银行表现最为稳健，目标分位点变化大，而收益率的变化小。类似地，可以计算出在容忍度水平为 1%、5% 时的收益率变化情况，如表 5.4 所示。

表 5.4　　　　收益率变化情况（容忍度 1%、容忍度 5%）

银　行	1%目标分位点	对应的收益率	收益率变化	5%目标分位点	对应的收益率	收益率变化
平安银行	13.61%	-0.0239	0.0306	7.00%	-0.0356	0.0189
浦发银行	11.81%	-0.0244	0.0338	5.53%	-0.0384	0.0198
华夏银行	15.22%	-0.0207	0.0399	6.32%	-0.0372	0.0234
民生银行	12.55%	-0.0217	0.0273	6.41%	-0.0323	0.0167
招商银行	13.79%	-0.0203	0.0315	5.72%	-0.0326	0.0192
兴业银行	11.17%	-0.0279	0.0334	5.87%	-0.0383	0.0230
农业银行	33.71%	-0.0038	0.0195	18.60%	-0.0077	0.0156
交通银行	13.42%	-0.0184	0.0298	5.87%	-0.0318	0.0164
工商银行	14.85%	-0.0136	0.0210	7.59%	-0.0219	0.0127
光大银行	12.80%	-0.0136	0.0192	7.65%	-0.0189	0.0139
建设银行	13.09%	-0.0154	0.0238	6.63%	-0.0237	0.0155
中国银行	17.68%	-0.0108	0.0270	9.06%	-0.0185	0.0193
中信银行	13.08%	-0.0227	0.0284	7.14%	-0.0325	0.0186

上述的模拟过程我们得到了在不同容忍度水平下商业银行的收益率变化情况，接下来的工作就是如何将收益率的变化与银行资本结合起来，进而考察在目标 CoVaR 下银行的资本充足水平。收盘价来表示银行当前的股权价值，当我们控制银行的风险溢出效应的比例时，用银行股票收益率的变化乘以股票收盘价就能直接计算出股权价值的变化，而股权价值的变化量就是商业银行需要用来覆盖其风险溢出的资本。同样以监管容忍度 2.5% 为例，当商业银行零风险溢出时，上市银行新的资本充足水平如表 5.5 所示。为了考察 2013 年度商业银行的系统重要性，选用商业银行 2013 年度资本总量、风险加权资产数据进行分析。根据表 5.5 中的资本充足水平，我们可以得到 2.5% 监管容忍度下各商业银行所需的达到的资本要求的排名。再根据系统重要性附加资本计提与系统重要性银行之间的关系，我们可以发现，国有股份制商业银行比其他股份制银行具有更高的系统重要性地位，建设银行在我国具有最高的系统重要性，工商银行次之，平安银行则是这 13 家商业银行中系统重要性最低的银行。对比前文的结果，在考虑资本吸收风险的情况下得到

的银行系统重要性排名，比单纯依靠风险溢出的排名更与现实情况相吻合。因此，资本在吸收风险溢出上能发挥较大的作用，不考虑资本的系统重要性银行评估方法是不可取的。

表 5.5　　目标 CoVaR 下各商业银行资本充足情况（容忍度 2.5%）

银 行	资本量（百万元）	股权价值（元）	股数	资本变化量（百万元）	资本充足水平	排名
平安银行	115 870.8	12.25	8.2E+09	2 491.16	0.101128	13
浦发银行	258 387.4	9.43	2.88E+09	722.41	0.108803	10
华夏银行	105 662.3	8.57	1.87E+10	4 887.90	0.103370	12
民生银行	248 553.7	7.72	8.9E+09	1 422.26	0.107512	11
招商银行	305 792.0	10.89	2.84E+10	7 546.33	0.114149	6
兴业银行	250 183.0	10.14	2.52E+10	7 410.31	0.111508	9
农业银行	1 075 184.0	2.48	2.97E+09	117.11	0.118613	5
交通银行	516 307.4	3.84	1.91E+10	1 466.58	0.121143	4
工商银行	1 572 063.0	3.58	8.8E+09	491.46	0.131241	2
光大银行	175 341.6	2.66	3.25E+11	13 918.45	0.114090	7
建设银行	1 317 030.0	4.14	7.43E+10	6 059.76	0.134014	1
中国银行	1 173 573.0	2.62	3.51E+11	21 059.30	0.126836	3
中信银行	292 295.5	3.87	4.63E+10	4 264.51	0.114040	8

注：股价选取 2013 年 12 月 31 日的收盘价。

进一步，我们来考察不同风险容忍度水平下资本水平排名的变化情况，如表 5.5 所示。从不同监管容忍度下各商业银行资本充足水平的比较中，可以看到，在不同的监管容忍度下，商业银行的资本水平发生了一定变化。监管容忍度从 5% 到 2.5% 再到 1% 的过程中，风险溢出效应增大，所需的资本充足水平也随之提高。同时，表 5.6 中所反映的不同监管容忍度下各商业银行所需的资本水平排序中，可以发现，基于 Copula – CoVaR 方法所测算的风险溢出来评价系统重要性在不同监管容忍度水平下具有较高的稳健性，各商业银行的系统重要性排序几乎没有发生变化，仅有招商银行、光大银行和中信银行的系统重要性发生了细微的变化。

表 5.6　　　　　不同容忍度下各商业银行系统重要性排名

银　行	资本充足水平（2.5%）	排名	资本充足水平（1%）	排名	资本充足水平（5%）	排名
平安银行	0.101128	13	0.101626	13	0.100622	13
浦发银行	0.108803	10	0.108885	10	0.108726	10
华夏银行	0.103370	12	0.104779	12	0.102307	12
民生银行	0.107512	11	0.107707	11	0.107393	11
招商银行	0.114149	6	0.114949	7	0.113563	7
兴业银行	0.111508	9	0.111995	9	0.110844	9
农业银行	0.118613	5	0.118616	5	0.118613	5
交通银行	0.121143	4	0.121311	4	0.121081	4
工商银行	0.131241	2	0.131255	2	0.131233	2
光大银行	0.114090	7	0.115706	6	0.112944	8
建设银行	0.134014	1	0.134142	1	0.133883	1
中国银行	0.126836	3	0.127236	3	0.126484	3
中信银行	0.114040	8	0.114357	8	0.113682	6

5.5　系统重要性银行附加资本的计提

在不同的容忍度水平下，商业银行的系统重要性排序会发生变化，这样的变化会对监管部门的监管工作带来一些困难。因为，不同的监管容忍度的选择会不同程度的改变商业银行的资本水平，特别是对于不同监管容忍度下，排序发生变化的银行。因此，在系统重要性银行评价的基础上，需要建立一个合理的系统重要性银行附加资本计提方案。如果排名变化的银行能分为一类，这几家银行面临着相同的系统重要性银行附加资本要求，那么就不会存在争议，也可以使监管工作更为简捷。在商业银行系统重要性评价的过程中已经计算出了不同监管容忍度下的商业银行资本充足水平，下面采用 K-均值聚类对上表的资本充足水平进行分类，得出结果（见表 5.7）。

表 5.7　　　　　　　不同容忍度下的 K – 均值聚类结果

银　行	聚类结果 (2.5%)	离中心的距离	聚类结果 (1%)	离中心的距离	聚类结果 (5%)	离中心的距离
平安银行	2	0.00820	2	0.00837	2	0.00814
浦发银行	2	0.00052	2	0.00112	2	0.00003
华夏银行	2	0.00595	2	0.00522	2	0.00645
民生银行	2	0.00181	2	0.00229	2	0.00137
招商银行	2	0.00482	2	0.00495	2	0.00480
兴业银行	2	0.00218	2	0.00199	2	0.00208
农业银行	1	0.00776	1	0.00790	1	0.00765
交通银行	1	0.00523	1	0.00520	1	0.00518
工商银行	1	0.00487	1	0.00474	1	0.00497
光大银行	2	0.00477	2	0.00571	2	0.00418
建设银行	1	0.00764	1	0.00763	1	0.00762
中国银行	1	0.00047	1	0.00072	1	0.00023
中信银行	2	0.00472	2	0.00436	2	0.00492

聚类的结果表明，不同容忍度下根据资本充足水平进行聚类分析得到的分组结果完全相同。13家商业银行经过聚类后分为两个系统重要性梯队，第一梯队的系统重要性要比第二梯队的系统重要性高。系统重要性第一梯队的商业银行包括建设银行、工商银行、中国银行、交通银行和农业银行，剩下的股份制商业银行都属于第二梯队，此时的分类将顺序有变化的招商银行、光大银行和中信银行都分在第二梯队，能较好地解决上述存在监管容忍度选择的问题。对于我国银行体系而言，不仅仅上市银行存在系统性风险，随着民营银行逐渐增多，系统性风险的触发点将更多，覆盖面会更广，但就市场份额而言，这些上市银行是系统性风险防范的关键节点。通过上述分析我们知道，为了能控制系统性风险的累积，进而防止危机的发生，不管是系统重要性第一梯队的商业银行还是系统重要性第二梯队的商业银行都应该为自身溢出的风险负责，都需要计提相应的系统重要性银行附加资本。下面就根据商业银行风险溢出的情况来确定系统重要性银行附加资本。

最优的系统重要性银行附加资本计提自然是能甄别银行的不同风险状况。针对不同银行进行差异化的系统重要性银行附加资本计提，有多大的风险溢出就计提相应的资本。为了操作上的简单明了和简洁方便，我们根据上面两种系统重要性分类来确定银行系统重要性银行附加资本比例。

以第一梯队为例，将第一梯队的银行看成一个整体，所有属于第一梯队的银行计提相同的比例。具体地说，在零风险溢出的情况下，整体的资本等于新的资本充足水平与各银行风险加权资产乘积之和。系统重要性银行附加资本的计提，就是要在8%的最低资本充足率要求与2.5%留存超额要求的基础上。也就是说，在10.5%的资本充足水平基础上进行计提。采用的方法是当第一梯队的银行同时提高一定的比例使得它们的资本之和与零风险溢出情况下整体的资本最接近为止，控制精度在0.1%。

此外，对于第二梯队的商业银行而言，特别是对于平安和华夏，这两者不管是在哪一种容忍度水平下，它们的资本要求都没有超过10.5%，这两者只需要根据《资本管理办法》的要求，计提比例为2.5%储备资本即可，不需要计提系统重要性银行附加资本。第二梯队的其他商业银行则按照上述的方法得到相应的系统重要性银行附加资本比例。通过 matlab 编程可以计算得到第一梯队和第二梯队（其他）的系统重要性银行附加资本计提比例（如表5.8所示）。

表 5.8　　　　　系统重要性银行附加资本计提比例

	系统重要性银行附加资本计提比例		
	容忍度 2.5%	容忍度 1%	容忍度 5%
第一梯队	2.23%	2.24%	2.22%
第二梯队（其他）	0.66%	0.71%	0.62%
第三梯队（平安、华夏）	0%	0%	0%

在监管容忍度为2.5%，且没有风险溢出的情况下，第一梯队的银行的资本充足率最低需要达到12.73%，第二梯队（其他）的商业银行需要达到11.16%。而在监管容忍度为1%和5%的情况下，系统重要性排在第一梯队

的商业银行的资本要求基本没有什么变化,而第二梯队的商业银行在不同的监管容忍度下会发生较大的差异。监管容忍度为1%时的资本要求较2.5%时要高0.05%,比监管容忍度为5%时的资本要求要高0.09%。监管部门的容忍度的变化会对股份制商业银行产生较大影响,而对国有大型商业银行的影响几乎不存在。与《巴塞尔协议Ⅲ》规定的一样,系统重要性银行附加资本必须是商业银行的普通股资本。我国《商业银行资本管理办法(试行)》规定,商业银行应满足5%的普通股最低要求、2.5%的储备资本要求,这就使得商业银行的普通股比例要达到7.5%,外加系统重要性银行附加资本,这就意味着第一梯队商业银行的普通股最低要求要达到9.73%(不包括逆周期资本),而第二梯队商业银行要达到8.16%,我国商业银行资本质量较高,基本上都由普通股构成,达到这一要求基本没有压力。

另一方面,分成两个梯队的商业银行必须有与之相匹配的政策支持。以民生银行为例,按照其风险溢出,在2.5%的监管容忍水平下,它的资本水平只需达到10.75%,而按照它所属的第二梯队,它的最低要求需要11.13%的资本要求。因此,对于民生银行而言,需要有一些差异化的政策支持。同时,资本要求的变化,商业银行也可以通过设计新型的资本工具,扩大融资渠道,发行优先股等手段来达到监管部门的要求,同时提高自身的风险管理能力减小所需的资本总量。

系统重要性银行附加资本的计提机制方法是系统性风险附加资本监管框架的基础,基于系统性风险贡献的资本计提较好地解决了前文所提到的部分《巴塞尔协议Ⅲ》系统重要性银行附加资本计提框架所存在的问题。一方面,根据商业银行风险溢出计提系统重要性银行附加资本是根据每一家银行对于系统的贡献来计算所需的资本,对于恶意竞争的银行,高风险的行为也意味着存在较大的风险溢出,那么该银行就必须计提更多的附加资本为自身溢出的风险负责。另一方面,按照风险溢出计提资本能较好地反映商业银行溢出的风险,这也解决了前文所提到的资本是否反映风险,以及是否足以应对系统性风险的问题。更为重要的是,这一系统重要性银行附加资本计提机制还解决了另外两个问题：逆周期资本计提以及系统重要性银行附加资本计提与经济资本管理之间的矛盾。如果商业银行采用激进的经济资本管理手段以达到节约资本的目的，那么根据系统重要性银行附加资本计提方法，商业银行采用激进手段节约的资本则会表现出更多的风险溢出，就必须多计提更多的系统重要性银行附加资本。这一系统重要性银行附加资本计提机制能较好地将反映宏观审慎理念的资本要求与微观审慎管理的核心经济资本管理有机地结合起来，弥补微观审慎管理框架的不足。

5.6 本章小结

系统性风险的度量是一个复杂的系统工程，对其准确的度量还有很长的路要走，而以防范系统性风险为目的的宏观审慎管理框架体系的构建和完善仍存在颇多阻碍。依托 CoVaR 风险度量框架，将商业银行风险溢出效应与商业银行的资本结合起来，体现了资本覆盖风险的理念，弥补了系统重要性银行附加资本计提不与系统性风险大小对应的不足。

商业银行资本充足水平对银行的风险溢出效应存在较大的影响，通过控制相同的风险溢出水平来对银行的资本充足水平进行再评估，进而得到各商业银行的系统重要性，五大国有商业银行排在前列，其他股份行也存在风险溢出，溢出程度较五大行要小。监管容忍度的变化对于大型国有商业银行没有什么影响，但是对于股份制商业银行来说存在较大的区别。

基于风险溢出效应的系统重要性银行附加资本计提框架是一个开放的框架，随着商业银行数据的积累，可以考虑更多的极端情形，也会使商业银行系统重要性的评估结果更为稳健。随着统计手段的提高，运用 Copula – CoVaR 模型可以考虑更为极端的情形来捕捉系统性风险。而对于监管容忍度的确定，监管部门也可以根据经济形势如果认为零溢出对于银行体系而言过于严格，甚至出现抑制经济增长的问题，可以控制风险溢出的比例为某一合理正值，减小银行资本补充压力来刺激经济增长。随着商业银行的上市进程，监管技术的进步和监管人员素质的提高，监管部门可以采用更差异化的方法实现系统重要性银行附加计提。

第 6 章

基于经济资本度量的逆周期资本的计提

差异化系统性风险附加资本监管框架中,基于风险溢出的系统重要性银行附加资本计提机制解决了部分《巴塞尔协议Ⅲ》系统性风险附加资本计提框架所存在的问题。然而,逆周期资本的计提方式方法也是差异化系统性风险附加资本监管框架中的重要内容。根据第3章的分析,逆周期资本的计提所依据的参考指标在中国的适用性需要解决。《巴塞尔协议Ⅲ》作为一个全球标杆,所提出的根据信贷/GDP趋势项的偏离值来计提逆周期资本,该框架建立的依据是在危机发生前期都存在一个信贷快速扩张的过程,这缺乏说服力,资本的计提需要建立在商业银行风险计量的基础上,正因为风险表现出来的顺周期性,导致风险计量的参数都具备了这些特征。逆周期资本的计提如果不与商业银行的风险挂钩,就会显得毫无根据。而且这一框架也没有阐述清楚逆周期资本计提的内在机理,包括逆周期资本到底缓释的是经济周期还是信贷周期的问题。本章拟构建一个更合理且适应我国商业银行的逆周期资本计提框架。

6.1 逆周期资本计提机制设计的研究思路

全球金融危机引起各国对金融监管框架的全面反思,金融体系的顺周期性也受到了前所未有的关注。关于金融体系的顺周期性,在时间维度上,金融体系与实体经济形成的动态正反馈机制放大繁荣和萧条周期,加剧经济的周期性波动,增强金融体系的不稳定性。当经济处于上行期,借款人的财务状况良好,抵押品的价值上升,银行会选择扩张信贷,导致经济持续升温;而在经济下行期,借款人的财务状况开始恶化,抵押品的价值缩水,银行在审慎的角度出发会选择收缩信贷,导致经济加速下滑和衰退。在这一过程中可以发现,商业银行资产风险的顺周期是其中一个非常重要环节。在经济上行期,借款人的信用状况良好,商业银行资产风险较小,增加信贷发放能提高商业银行的收益，同时商业银行遵循内部评级法的资本计量模型的规律，资产的违约风险降低使得所需的监管资本降低，在同等资本水平下，银行的增加使得银行过度地承担风险，资产容易形成泡沫，系统性风险也随之提高。在这一过程中，存在一个链条：经济上行——抵押品价值高——银行资产风险减小——信贷扩张。因此，商业银行的逆周期资本要求的作用主要是在经济上行期缓解资产风险减小—信贷扩张这一环节，使商业银行在上行期审慎经营，控制信贷规模。在内部评级法的视角下，逆周期的资本要求拓展了内部资本计量模型，逆向调节资产风险减小的过程。

当商业银行资产风险变化可以计算时，那么我们就可以通过逆向调节这一变化过程控制信贷发放的速度，甚至可以将控制的程度量化。进一步地说，逆周期资本要求缓解顺周期性，但是到底是为了缓解经济周期还是信贷周期却不明晰，我们可以通过考察资产风险顺周期变化的影响因素，考察影响资产风险顺周期变化的到底是经济周期还是信贷周期，从而使逆周期资本有较为明确的着力点。

综上，逆周期资本计提的研究思路已然清晰，首先需要度量出商业银行的资产风险，其次考察商业银行资产风险与经济周期或信贷周期之间的关系，最后根据逆周期资本缓解顺周期性的特点得出资本计提比例。这一逆周期资本计提框架不仅可以反映银行的资产风险，并且从资产风险顺周期性的来源上控制资产风险评估减小的程度，进而实现控制信贷扩张的目的。

一个与商业银行资产风险等价的概念是经济资本。它出现于 20 世纪 90 年代。进入 21 世纪以来，商业银行经济资本管理逐渐受到金融界的重视。经济资本管理是微观审慎管理的核心内容，也是现代商业银行资本管理的必然趋势。实施经济资本管理就是要求商业银行的资本与其经营的风险一一对应。虽然，我国现阶段的商业银行可以引进国外较为先进的风险管理技术，但是由于规范性数据积累的不足，经济资本管理尚处于试行阶段。

然而，对于经济资本的度量可分为两种视角：一种是自下而上的测度方法；一种是自上而下的测度方法。根据《巴塞尔协议Ⅲ》内部评级法的要求，商业银行一般采用自下而上的测度方法，该方法就是对不同类型风险的经济资本分别进行测度，包括信用风险、操作风险和市场风险等，并加总得到总体的经济资本。可以根据《巴塞尔协议Ⅲ》的指引就能对不同风险所对应的经济资本分别进行测算，但是如何加总得到总体的经济资本是此方法的难点。而且自下而上的经济资本测算方法一般是基于商业银行内部的即时数据，计算出来的经济资本是该时点的数值，并不能反映宏观经济变化对商业银行风险的影响。另一方面，宏观经济的变化会对不同类型的风险以及风险之间的关联性产生影响。此时，自下而上的经济资本测度方法计算就不能很好地反映宏观经济环境变化对风险的影响。

针对自下而上方法中存在的不足，运用 Schroeck（2002）提出了一种自上而下的经济资本测度方法，通过上市银行的公开市场数据和信用评级机构对银行的评级来度量银行的经济资本。计算出的经济资本能够反映商业银行资产风险状况，进一步地可以对经济资本的顺周期性进行分析，并设计逆周期资本计提机制，旨在为我国逆周期资本计提提供一种思路。

6.2 经济资本度量模型

根据 Schroeck（2002）所述，自上而下的经济资本测算是基于期权定价的理论，把违约认为是银行的资产价值过程低于某个违约点的事件，在这里违约点的选择通常与该银行的债务结构相关，即：

$$PD_t = P(V_t < C_t) \tag{6.1}$$

其中，PD_t 是银行 t 时刻的违约率，C_t 表示银行 t 时刻的违约边界，由公司 t 时刻负债水平决定，且在初始时刻有 $V_0 > C_0$ 成立。

同时，自上而下的经济资本测度模型假设银行资产价值的服从几何布朗运动：

$$\frac{dV_t}{V_t} = \mu dt + \sigma dW(t) \tag{6.2}$$

其中，μ 是为资产价值的平均收益率，σ 则是资产价值的波动率，$dW(t)$ 是均值为零，方差为 dt 的标准布朗运动，也称维纳过程。此时银行资产价值为：

$$V_t = V_0 e^{(\mu - \frac{\sigma^2}{2})t + \sigma W(t)} \tag{6.3}$$

将式 (6.3) 代入式 (6.1)，有：

$$\begin{aligned} PD_t &= P(V_0 e^{(\mu - \frac{\sigma^2}{2})t + \sigma W(t)} < C_t) \\ &= P\left((\mu - \frac{\sigma^2}{2})t + \sigma W(t) < \ln\frac{C_t}{V_0}\right) \end{aligned} \tag{6.4}$$

由于，$W(t) = \varepsilon\sqrt{t}$，$\varepsilon \sim N(0,1)$，式 (6.4) 可以转化为：

$$PD_t = P\left(\varepsilon < \frac{\ln\frac{C_t}{V_0} - (\mu - \frac{\sigma^2}{2})t}{\sigma\sqrt{t}}\right) = \Phi\left(\frac{\ln\frac{C_t}{V_0} - (\mu - \frac{\sigma^2}{2})t}{\sigma\sqrt{t}}\right) \tag{6.5}$$

下面，根据 Black – Scholes 公式，计算资产价值及其波动率是通过求解下面的联立方程：

$$\begin{aligned} S &= VN(d_1) - e^{-r}DN(d_2) \\ \sigma_S &= \frac{VN(d_1)}{S}\sigma_V \end{aligned} \tag{6.6}$$

其中，S 为股票价格；σ_S 是股票收益率的波动；V 是银行的资产价值；σ_V 是资产价值的波动率；D 是银行的账面负债；$N(d_1)$ 是以 d_1 为参数的标准正态分布的累积函数；r 是无风险利率。

另一方面，评级机构综合商业银行资产、负债、收益等的情况对商业银行进行外部的信用评级，信用评级可以体现出商业银行的资质。商业银行信用评级的下降对商业银行的竞争力和在公众中的信心有重大的负面影响，不利于其业务的开展。商业银行有必要将维持自身的竞争力和公众的信心作为一个目标，也可以说商业银行存在维持信用评级不变甚至提升的动机。因此，我们可以根据信用评级与违约概率之间的对应关系，得到该信用评级下商业银行相应的违约概率，这一违约概率当作是未来 T 时刻商业银行需要维持的违约概率，即目标违约概率，记为 PD_d。这可以作为商业银行为保持自身的竞争力以及在公众的信心在 T 时刻所需要坚持的底线。

设定了目标违约概率之后，就可以对式（6.5）进行求解，计算出未来 T 时刻的违约点 C_T。

$$C_T = V_0 e^{N^{-1}(PD_d)\sigma\sqrt{T} + (\mu - \frac{\sigma^2}{2})T} \tag{6.7}$$

这一违约点是商业银行在 T 时刻为保持目标违约概率能支付的最大负债额，当所需支付的负债额超过这一违约点时，商业银行的违约概率将超过目标违约概率，此时，商业银行的评级将随之下降。

此时，零时刻商业银行的经济资本就等于：

$$EC_0 = V_0 - C_T = V_0 - V_0 e^{N^{-1}(PD_d)\sigma\sqrt{T} + (\mu - \frac{\sigma^2}{2})T} \tag{6.8}$$

根据（6.8）式，初始时刻的经济资本等于 T 时刻的资产价值与违约点的差额。这一差额与以 VaR 为基础的经济资本测算类似，它表示的是商业银行在 T 时刻为了维持目标违约概率所需的资本。

这一经济资本的测算反映的是未来商业银行面临的风险状况，具有前瞻性。很容易得出，经济资本的大小与资产收益率成反比，与资产波动率成正比，与目标违约概率成反比的结论。因为在表达式中，年初的资产是固定的，经济资本的取值由违约点的大小决定。但是，经济资本随着宏观经济的变化却不明显，其中的各参数都受到宏观经济的影响，下面将围绕这一点展开。

6.3 经济资本的测算

以 2012 年为例，基于上述模型计算该年度各上市商业银行的经济资本。

6.3.1 目标违约率的确定

违约阈值的确定需要先设定商业银行的目标违约率。对于商业银行目标违约率，按照 Schroeck（2002）的思路，我们选取标普评级和惠誉评级机构对我国上市银行的评级进行对应。根据标普评级和惠誉评级在等级划分上的关系，综合得到上市银行的评级，再根据信用评级与违约概率的对应关系，确定商业银行要保持当前的信用评级，其目标违约概率如表 6.1 所示。

表 6.1　15家上市银行的信用评级与目标违约概率　　　　（单位:%）

上市银行	工商银行	农业银行	中国银行	建设银行	交通银行	浦发银行	招商银行	兴业银行	华夏银行	中信银行	平安银行	北京银行	光大银行	南京银行	民生银行
信用评级	A	A	A	A	A	BBB+	BBB+	BB+	BB+	BBB+	BB+	BB+	BBB	BBB−	BB+
目标违约概率	0.07	0.07	0.07	0.07	0.07	0.17	0.17	0.70	0.70	0.17	0.70	0.70	0.27	0.44	0.70

注：由于各商业银行的信用评级都较为稳定，这里不考虑商业银行年末信用等级的提升。

6.3.2 商业银行资产价值及其波动率

根据（6.6）式，选取上市商业银行的股票价格数据估计商业银行的资产价值和资产价值的波动率。

选用 2012 年 15 家 A 股上市商业银行日收盘价、负债总计、总股数等数据，根据日收盘价计算每一家上市银行的收益率波动率。

上市银行的日收益率 $\mu_t = \ln P_t - \ln P_{t-1}$，$P_t$ 为该日的收盘价。

收益率的年波动率 $\sigma_S = \sqrt{250}\sqrt{\dfrac{1}{n-1}(\mu_t - \bar{\mu})^2}$，按 250 个交易日计算，

n 为样本大小，$\bar{\mu}$ 为收益率均值。

股票价格 S，采用每日收盘价的样本均值表示；银行的账面负债 D，来自 2012 年年报；r 是无风险利率，选 2013 年时一年期的金融机构存款利率 3% 作为无风险利率。将所得参数的数据代入方程组（6.6），通过 matlab7.1 编程求解出银行的资产价值及资产价值波动率（如表 6.2 所示）。

表 6.2　　　　　15 家上市银行资产价值与波动率计算结果

银行	总股数	日均收盘价（元）	负债总计/总股数（元/股）	收益波动率	资产价值（元/股）	资产价值波动率
平安银行	5.12×10^9	15.020000	297.21	0.231226	313.0192	0.0218
浦发银行	1.87×10^{10}	8.367810	158.61	0.216432	162.2903	0.0112
华夏银行	6.85×10^9	9.718223	206.44	0.249988	210.0570	0.0116
民生银行	2.84×10^{10}	6.248159	107.16	0.228546	110.2411	0.0130
招商银行	2.16×10^{10}	11.179830	148.51	0.221854	155.3007	0.0160
南京银行	2.97×10^9	8.568843	107.40	0.245488	112.7947	0.0186
兴业银行	1.08×10^{10}	13.139920	285.22	0.231743	289.9304	0.0105
北京银行	8.8×10^9	8.671603	119.12	0.311676	124.2711	0.0217
农业银行	3.25×10^{11}	2.605851	38.44	0.136236	39.9104	0.0089
交通银行	7.43×10^{10}	4.545875	65.84	0.176309	68.4400	0.0117
工商银行	3.5×10^{11}	4.055519	46.90	0.144650	49.5694	0.0118
光大银行	4.04×10^{10}	2.830744	53.59	0.176365	54.8369	0.0091
建设银行	2.5×10^{11}	4.391328	52.09	0.159066	54.9418	0.0127
中国银行	2.79×10^{11}	2.877137	42.36	0.126765	43.9852	0.0083
中信银行	4.68×10^{10}	4.056763	58.91	0.203446	61.2257	0.0135

6.3.3　经济资本的确定

根据（6.7）式和（6.8）式可知，要确定各商业银行的经济资本，还需知道每家银行资产价值的平均收益率。选取2012年各商业银行资产回报率，再根据所计算出来的各商业银行的资产价值波动率，可以确定该年度各商业银行的经济资本，如表6.3所示。

表6.3　　　　　2012年15家上市银行的经济资本　　　　（单位：元/股）

银行	初始时刻资产价值	违约点	经济资本	单位资产经济资本	股权价值/总资产
平安银行	245.74	235.3791	10.358580	4.22%	0.059913
浦发银行	143.57	140.7113	2.855207	1.99%	0.055702
华夏银行	181.63	178.3352	3.291250	1.81%	0.051385
民生银行	78.49	77.3318	1.156369	1.47%	0.060164
招商银行	129.40	125.4730	3.923806	3.03%	0.059038
南京银行	94.88	91.6575	3.221858	3.40%	0.077377
兴业银行	223.04	220.5184	2.518452	1.13%	0.048189
北京银行	108.69	104.2909	4.402131	4.05%	0.052727
农业银行	35.93	35.3591	0.571906	1.59%	0.055644
交通银行	62.06	60.5436	1.518002	2.45%	0.059158
工商银行	44.22	43.2426	0.977023	2.21%	0.061887
光大银行	42.90	42.4042	0.500394	1.17%	0.055471
建设银行	49.13	47.9197	1.207636	2.46%	0.066493
中国银行	42.40	41.8018	0.622300	1.41%	0.063896
中信银行	59.10	57.4517	1.707600	2.79%	0.064638

注：单位资产经济资本＝经济资本/零时刻资产价值，该指标通过测算获得，反映年末商业银行单位资产可能面临的风险。股权价值/总资产是运用2012年末实际数据测算得到。

从表6.3可以看到，商业银行的单位资产股权价值比单位资产的经济资本要高得多。也就是说，2012年表中所有银行的风险都在可控的范围以内，而且根据经济资本的测算方法可知，这些商业银行都能在年末较好地保持自己的信用评级，这与评级机构认为我国商业银行的信用等级是稳健的评价是相符的。

6.4 经济资本的顺周期性分析

6.4.1 各商业银行的经济资本

为了考察经济资本的顺周期性，首先需要确定经济资本是随着经济周期波动还是信贷周期波动。因为采用年度数据会导致数据量不足，经济资本的周期性特征不明显。采用 2007 年第 3 季度至 2014 年 3 季度的 13 家上市银行的数据进行分析。

众所周知，商业银行的风险大小受到内部因素和外部因素的影响。在计算的过程中，我们假定各年度的信用评级保持不变。这出于两方面的考虑：一方面，由于各年度的信用评级不同，评级的转移和评级的变化会改变银行的风险容忍度。根据评级情况看，近年来商业银行的评级相对稳定，而且目标评级的不同所计算出来的单位资产经济资本不能反映商业银行风险的变化。另一方面，评级是在综合考虑商业银行内外部因素的基础上确定的，它的确定具有顺周期性。所以，为了观测经济资本随着宏观经济的变化，单位资产的经济资本比例都是在目标违约概率保持不变的情况下测算，体现各商业银行在现阶段的风险容忍度下各季度的资产风险大小。

运用上一部分的算法，计算各季度的单位资产经济资本如图 6.1 所示。从纵向上看，在 2007 年和 2008 年，各商业银行的单位资产经济资本相比其他年度较高，一方面是美国金融危机的爆发使全球经济局势动荡，我国的经济金融环境也受到波及；另一方面，我国商业银行风险管理水平在不断提高，2007 年和 2008 年的商业银行风险管理水平较其他年度来说应是处于较低水平。2012 年度是所有年度中单位资产经济资本最小的，主要原因是经济持续平稳增长给商业银行的内控水平的提高提供了契机。而 2013 年的风险较

2012年风险略微提高,这从2013年2季度原中国银监会发布的《中国银行业运行报告》就可见一斑,银行业的不良资产较2012年末提高了1%,而拨备覆盖率降低了3.01个百分点。

整体上看,所测算的各商业银行单位经济资本可以用来表示商业银行的资产风险水平。从图6.1可以看到,随着时间的推移,13家上市银行的经济资本均呈现明显下降趋势。

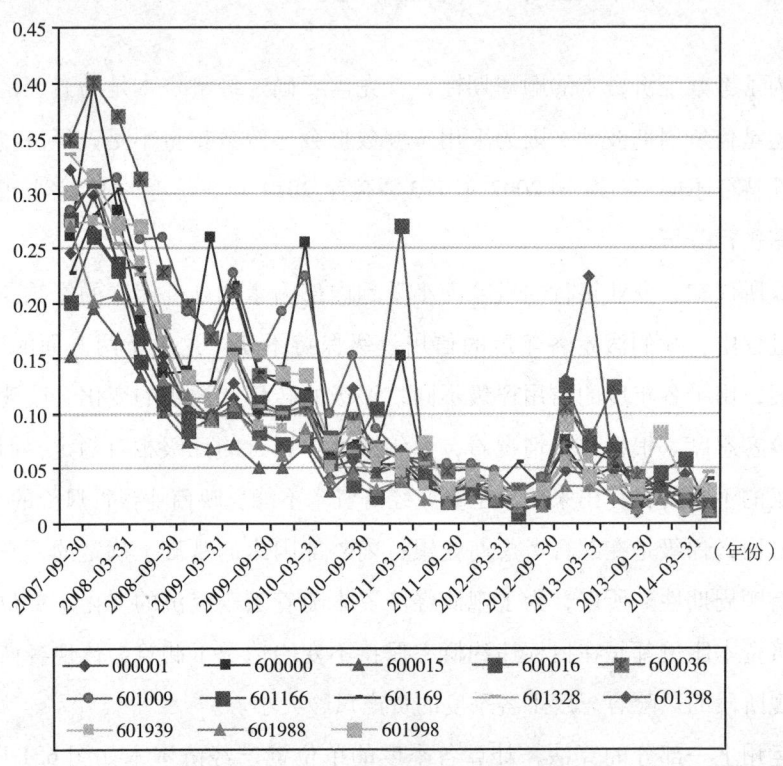

图6.1 各季度13家商业银行的单位经济资本

注:经济资本是在公开市场数据的基础上获得,由于农业银行和光大银行都是在2010年上市,因此,这两家银行的经济资本测算就不包含在其中。

从全球金融危机之后,世界经济逐渐走出低谷,我国的经济在金融危机中虽然表现稳健,但是从股市受到的重挫也可以看到受到国际影响是极其巨大的。随着我国经济的逐渐繁荣,借款者抵押品质量也随之提高,违约率降低,这是导致单位经济资本下降的主要原因,因为将经济资本单位化已然将资产规模大小这一影响因素剔除。这也表现出用自上而下的经济资本度量方法确实能反映经济的变化。从图中我们也可以看到,虽然整体上下降,但在一个较短的周期内,各商业银行的经济资本呈现出周期性的变化。经济资本的周期性变化的特征也为我们后续的分析奠定了基础。

6.4.2 宏观经济指标的选取

下面考察经济资本是受信贷周期影响还是受经济周期影响。剔除与 GDP 指标关联性较大的 M2 指标,宏观调控指标选择央行定的法定存款准备金率指标。因此,指标选择上,选取宏观经济变量包括 GDP、CPI、信贷总额、法定存款准备金率。反映信贷周期的指标,我们选用信贷/GDP 波动项或者是信贷增长率的波动项。关于信贷/GDP 波动项指标采用《巴塞尔协议Ⅲ》的标准,HP 滤波获得采用平滑系数为 400 000 的去趋势项,信贷增长率的波动项与信贷/GDP 指标的处理方法一样,最终可以得到各指标的趋势图,如图 6.2 所示。

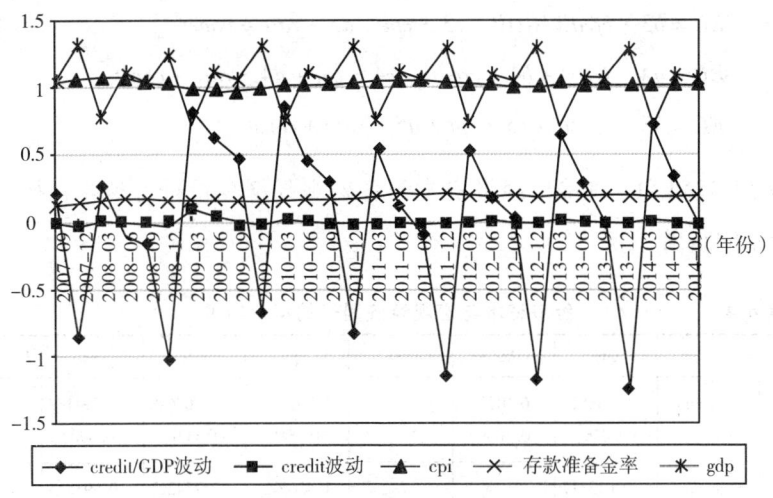

图 6.2 各宏观经济变量的值

从图中可以看出，GDP 增长率、信贷与 GDP 比值的波动项呈现周期性变化，且变化的幅度较大，而且有一个很明显的规律，信贷与 GDP 比值的波动项与 GDP 增长率之间存在显著的负向相关关系。当 GDP 增长率处于高位时，信贷与 GDP 比值的波动项处于低位。信贷波动指标表现出小幅波动，整体较为平稳，仅 2009 年一季度表现出突变，这时是信贷快速扩张的时点，存款准备金率也存在小幅度的波动。信贷变化规律较为稳定，但是信贷与 GDP 比值给予了信贷指标一个周期性的变化特征，这一指标能否体现信贷快速扩张的过程，逆周期资本根据这一指标来计提的话能否缓解信贷快速的扩张。下面分析商业银行资产风险的周期性变化，并考察其周期性变化的影响因素。

6.4.3 回归分析

为了考察资产风险是随着经济周期还是信贷周期，我们设定以下方程进行比较：

$$\begin{aligned}
EC &= a1 \cdot GDP + b1 \cdot credit/GDP + c1 \cdot cpi + d1 \cdot rate + const \\
EC &= a2 \cdot GDP + c2 \cdot cpi + d2 \cdot rate + const \\
EC &= b3 \cdot credit/GDP + c3 \cdot cpi + d3 \cdot rate + const \\
EC &= a4 \cdot GDP + b4 \cdot credit + c4 \cdot cpi + d4 \cdot rate + const \\
EC &= b5 \cdot credit + c5 \cdot cpi + d5 \cdot rate + const
\end{aligned} \quad (6.9)$$

采用 STATA11 对单位经济资本与各宏观经济变量进行拟合，得到如表 6.4 所示的结果：

表 6.4　　　　经济资本与宏观经济因子的拟合结果

		gdp	credit/gdp	credit	cpi	rate	_cons	R-squared
方程 1	Economic capital	-0.044520 (0.048)	-0.012210 (0.1039)	—	1.392937 (0.000)	-2.767648 (0.000)	-0.794139 (0.000)	0.7150
方程 2	Economic capital	-0.013317 (0.255)	—	—	1.456578 (0.000)	-2.734227 (0.000)	-0.898835 (0.000)	0.7129

续表

		gdp	credit/gdp	credit	cpi	rate	_cons	R-squared
方程3	Economic capital	—	0.000495 (0.8984)	—	1.454718 (0.000)	-2.726794 (0.000)	-0.912277 (0.000)	0.7119
方程4	Economic capital	0.005363 (0.7165)	—	0.304536 (0.0405)	1.595586 (0.000)	-2.718578 (0.000)	-1.065121 (0.000)	0.7163
方程5	Economic capital	—	—	0.271743 (0.021)	1.581689 (0.000)	-2.721959 (0.000)	-1.044488 (0.000)	0.7162

注：括号内为 p 统计量值，"—"表示该回归方程没有包含这一自变量。

从表中方程 2 的回归结果看，用 GDP 代表的经济周期对商业银行资产风险的影响虽然是负向的，但是并不显著；从方程 1、方程 3 的结果看，经济周期与用同时作用与商业银行资产风险时，经济周期表现出显著特征，而用信贷/GDP 来表示的信贷周期对商业银行的资产风险的影响不显著，而且在方程 1 中，信贷/GDP 所表示的信贷周期对资产风险的影响是负向的。也就是说，此时商业银行的风险会随着信贷增速的加快而减小，这并不符合逻辑。而方程 4 同样也出现了经济高速增长对商业银行资产风险起促进作用这样不合逻辑的结果。方程 5 的结果显示，所有的变量都通过了显著性检验。用信贷波动表示的信贷周期对商业银行的资产风险有显著的促进作用，信贷的快速扩张会使商业银行的资产风险累积。如果所计算的经济资本处于一个较低水平时，如 2%，这时商业银行的盈利情况、股价波动等都处于较优的状态；如果商业银行发放信贷的速度提高 1%，那么经济资本就会随之提高约 0.27%。这也就意味着商业银行的资产风险将会提高接近 13.5%，这是一个相当大的比例。特别是，这是用所有银行数据回归，这也表明信贷波动提高了银行整体的资产风险，这与信贷快速扩张导致系统性风险累积的机理不谋而合。因此，当商业银行的经营状况良好的时候，要求商业银行计提逆周期资本来约束商业银行的资产规模扩张是有必要的。

6.5 逆周期资本的计提

按照《巴塞尔协议Ⅲ》逆周期资本计提的指引，各国的监管部门不应机械按照"信贷/GDP"指标作出逆周期资本决策。根据上述的计算结果，信贷的波动作为反映信贷周期的指标比信贷/GDP 的波动更优，可以根据信贷的波动来作出逆周期资本决策。

根据上市银行 2013 年年报的所披露的各上市银行风险加权资产数据，得到各上市银行资产风险情况如表 6.5。

表 6.5　　　　　　　　各上市银行资产风险情况

银行股票代码	风险加权资产 （百万元）	资产总计 （百万元）	风险加权资产/ 总资产
平安银行	1 891 741.0	1 170 412.0	0.61869569
宁波银行	467 772.6	271 380.0	0.58015355
浦发银行	3 680 125.0	2 381 451.0	0.64711144
华夏银行	1 672 447.0	1 069 456.0	0.63945584
民生银行	3 226 210.0	2 325 105.0	0.72069239
招商银行	4 016 399.0	2 744 991.0	0.68344579
南京银行	434 057.3	264 409.0	0.60915757
兴业银行	3 677 435.0	2 310 471.0	0.62828330
北京银行	1 336 763.8	887 884.0	0.66420425
农业银行	14 562 102.0	9 065 631.0	0.62254962
交通银行	5 960 937.0	4 274 068.0	0.71701278
工商银行	18 917 752.0	11 982 187.0	0.63338324
光大银行	2 415 086.0	1 658 861.0	0.68687450
建设银行	15 363 210.0	9 872 790.0	0.64262547
中国银行	13 874 299.0	9 418 726.0	0.67886140
中信银行	3 641 193.0	2 600 494.0	0.71418739
总计	95 137 530.0	62 298 316.5	0.65482378

可知，商业银行的单位资产的风险在 0.55～0.72 之间，加总后的风险加权资产与资产的比值约为 0.6548；同时，2013 半年报所公布的加总后的风险加权资产与资产的比值为 0.62。2013 年末资产平均风险水平提高了 0.03，选取风险加权资产与资产的转换系数为 0.65。由于银行发放贷款的惯性与银行的风险管理水平在短时间内改进的空间有限，这一系数在短时间内不会发生太大变化。此外，根据偏离度乘以方程 5 中信贷增速对资产风险影响的权重大小，可以计算得到单位资产下逆周期资本要求。在此基础上，除以风险加权资产与总资产的转换系数 0.65，就可以得到所需计提逆周期资本的比例（如表 6.6 所示）。

表 6.6　　　　　　　　　逆周期资本计提

年份	季度	各项贷款（亿元）	信贷增长率	趋势项	偏离度	逆周期资本/总资产	逆周期资本比例
2004	Q1	179 044.5	—	—	—	—	—
	Q2	181 046.8	1.011183	1.034207	-0.023020	0.00%	0.00%
	Q3	184 616.0	1.019714	1.034407	-0.014690	0.00%	0.00%
	Q4	188 565.6	1.021393	1.034608	-0.013210	0.00%	0.00%
2005	Q1	197 616.4	1.047999	1.034809	0.013189	0.36%	0.55%
	Q2	198 565.9	1.004804	1.035009	-0.030200	0.00%	0.00%
	Q3	203 052.8	1.022597	1.035209	-0.012610	0.00%	0.00%
	Q4	206 838.1	1.018642	1.035408	-0.016770	0.00%	0.00%
2006	Q1	218 787.4	1.057772	1.035607	0.022164	0.60%	0.93%
	Q2	227 910.7	1.041699	1.035805	0.005895	0.16%	0.25%
	Q3	233 810.2	1.025885	1.036001	-0.010120	0.00%	0.00%
	Q4	238 279.8	1.019116	1.036196	-0.017080	0.00%	0.00%
2007	Q1	252 834.1	1.061081	1.03639	0.024691	0.67%	1.03%
	Q2	264 899.3	1.04772	1.036582	0.011138	0.30%	0.47%
	Q3	274 422.6	1.035951	1.036771	-0.000820	0.00%	0.00%
	Q4	277 746.5	1.012112	1.036959	-0.024850	0.00%	0.00%

续表

年份	季度	各项贷款（亿元）	信贷增长率	趋势项	偏离度	逆周期资本/总资产	逆周期资本比例
2008	Q1	293 866.9	1.058040	1.037144	0.020895	0.57%	0.87%
	Q2	305 085.2	1.038175	1.037327	0.000847	0.02%	0.04%
	Q3	314 833.3	1.031952	1.037508	-0.005560	0.00%	0.00%
	Q4	320 128.5	1.016819	1.037685	-0.021120	0.00%	0.00%
2009	Q1	365 632.6	1.142143	1.037860	0.104568	2.84%	4.37%
	Q2	397 627.6	1.087506	1.038031	0.049475	1.34%	2.07%
	Q3	413 854.8	1.040810	1.038199	0.002611	0.07%	0.11%
	Q4	425 622.6	1.028435	1.038364	-0.009990	0.00%	0.00%
2010	Q1	453 683.9	1.065930	1.038526	0.027400	0.74%	1.15%
	Q2	474 012.8	1.044809	1.038686	0.006175	0.17%	0.26%
	Q3	491 078.7	1.036003	1.038843	-0.002680	0.00%	0.00%
	Q4	509 226.8	1.036956	1.038997	-0.002190	0.00%	0.00%
2011	Q1	526 050.8	1.033038	1.039150	-0.006110	0.00%	0.00%
	Q2	546 502.3	1.038877	1.039301	-0.000420	0.00%	0.00%
	Q3	562 418.3	1.029123	1.039450	-0.010340	0.00%	0.00%
	Q4	581 890.8	1.034623	1.039597	-0.004960	0.00%	0.00%
2012	Q1	607 690.4	1.044338	1.039743	0.004591	0.12%	0.19%
	Q2	633 249.9	1.042060	1.039889	0.002172	0.06%	0.09%
	Q3	654 588.1	1.033696	1.040033	-0.006340	0.00%	0.00%
	Q4	672 874.6	1.027936	1.040176	-0.012250	0.00%	0.00%
2013	Q1	704 881.0	1.047567	1.040319	0.007253	0.20%	0.30%
	Q2	728 773.0	1.033895	1.040461	-0.006570	0.00%	0.00%
	Q3	749 908.1	1.029001	1.040602	-0.011600	0.00%	0.00%
	Q4	766 326.6	1.021894	1.040744	-0.018850	0.00%	0.00%
2014	Q1	801 160.5	1.045456	1.040885	0.004571	0.12%	0.19%
	Q2	828 793.4	1.034491	1.041026	-0.006540	0.00%	0.00%
	Q3	847 364.2	1.022407	1.041167	-0.018760	0.00%	0.00%

从表 6.6 中可知，逆周期资本的计提一般集中在上半年的一、二季度，从 2004 年到 2013 年，唯一一个逆周期资本计提的比例超过 2.5% 的是在 2009 年一季度，这与我国在 2008 年四季度开始实施积极的财政政策和适度宽松的货币政策有关。4 万亿元的投资，金融机构大量发放贷款，贷款的增速达到历史新高，达到 2009 年一季度的 14% 和二季度的 8%。信贷的快速发放往往意味着信贷门槛降低，贷款的风险管理水平与信贷增速并不匹配，其中潜藏着巨大的风险，这使银行有必要计提资本来抵御风险，这与我们的结果是相符的。从 2009 年以后，一、二季度所需计提的逆周期资本逐年减少。这中间有多种因素作用，市场份额基本瓜分完毕。此外，互联网金融的出现、P2P 等直接融资平台的出现分流了社会所需的信贷，导致信贷增速放缓，针对信贷增速过快的逆周期资本就近乎不用计提了。

下面按照表 6.6 逆周期资本比例，考察逆周期资本计提后的效果。所计提的逆周期资本必须是银行的普通股资本，由于商业银行的普通股资本与所有者权益所包含的项目差别不大，采用所有者权益代替商业银行的普通股资本。

为了能够考察逆周期资本计提的效果，并且能与单位资产的经济资本进行对比，这里采用普通股资本/总资产指标。分三种情况，(1) 观察在没有计提逆周期资本时，单位资产的普通股资本与信贷波动周期的相关性；(2) 将单位资产的普通股资本加上逆周期资本/总资产的比值，看计提后的单位资产的普通股资本与信贷周期的相关性；(3) 考虑到逆周期资本计提比例一般不超过 2.5%，将计提超过 2.5% 的部分按 2.5% 计提，再观察此时单位资产的普通股资本随信贷周期的变化。所选用的所有者权益数据来自国泰安数据库。

表 6.7   计提逆周期前后相关性变化

	第三种情形	第二种情形	第一种情形
与信贷周期的相关性	0.144 *	0.215 **	-0.072
显著性	0.011	0.000	0.206

从第一种情形看,在没有计提逆周期资本前,商业银行的普通股资本与信贷周期的呈微弱的相关性,显著性不高,而且相关系数为负值,这两种可能性,一种是这时的普通股绝对额的变化较为稳定,随着信贷波动的增加,商业银行的单位资产的普通股占比有所下降;另一种则是商业银行一方面降低普通股计提,另一方面加快信贷投放。前一种可能是银行对经济形势,或者是行业前景较好的估计,又或者是受政策导向引起的贷款大量发放。后一种的做法属于激进的行为,股东想以较低的成本谋取高收益,这对银行的风险管理是不利的。第二种情形下,单位资产的普通股资本与信贷波动的相关性最强,相关系数为正,而且显著性最强。这时的资本随着信贷周期的变化而变化,将信贷扩张的风险反映到了资金成本中,这有利于商业银行增强其经营的稳健性和抵御外界冲击的能力,但是对于这种情况,商业银行需要付出更多的成本,太严格的监管可能会降低商业银行的活力。而第三种情形是按照《资本管理办法》中所设定的逆周期资本的计提有 2.5% 的额度限定。从相关系数和显著性可以看出,因为有了额度的限定,商业银行资本的相关系数变小,显著性也有所减弱,在一定程度上解决了信贷过度发放的问题,适度的计提能引起银行对信贷周期的重视,而且银行的成本又相对第二种情形要小,并且给监管部门留下了一些空间,使监管部门的监管手段更丰富。

6.6 本章小结

逆周期资本监管作为差异化系统性风险附加资本监管框架的一个重要内容,其内涵、计提方法以及计提效果对于监管部门来说具有极为重要的意义。基于经济资本度量的视角分析商业银行资产风险顺周期性的直接来源是信贷的波动。信贷波动项是人们对于信贷的需求及其与银行讨价还价的结果,是导致银行风险变化的直接原因。

自下而上的经济资本度量方法有其不容易客服的技术难点,运用自上而下视角来对商业经济资本进行测度。该方法采用信用评级和上市商业银行的资产负债等公开、透明数据对商业银行的资产风险进行度量,得到能反映各上市商业银行资产风险的单位资产经济资本,而且可以反映宏观经济环境变化。正因为该方法具有这样的优越性,它可以被监管部门对商业银行资产风险的实时监控。

在测算出各商业银行经济资本的基础上,考察商业银行资产风险的周期性变化。实证分析表明,发现商业银行的资产风险随 GDP 增长率和信贷/GDP 波动的变化是不显著的,随着信贷波动的影响才显著,而且信贷的小波动将给银行带来极大的风险。根据经济资本与信贷波动的关系,建立逆周期资本计提机制,在信贷快速扩张的时候,用信贷的偏离值乘上信贷波动对经济资本的影响系数作为商业银行计提的逆周期资本量。

将普通股资本与总资产的比值与信贷的波动作相关性分析发现,在没有计提逆周期资本以前,商业银行的资本与信贷关联性不显著,相关系数还为负值,这表示我国的商业银行在以往的资本管理中没有考虑到信贷快速扩张对商业银行面临的风险的影响。在计提了逆周期资本后,商业银行的资本变化能较好地反映信贷周期,从原来的不显著负相关变为显著的正相关,这正是逆周期资本计提的目标。监管部门设置逆周期资本计提比例的上限 2.5% 有其价值所在,既不会使银行觉得资本要求过于苛刻,又能为监管部门开展监管工作提供更大的空间。

在逆周期资本框架尚未明朗之前,应当牢牢把握住计提逆周期资本的目的,监管部门在建立逆周期机制时应当考虑商业银行信贷扩张的根源,从这一视角出发,能使监管框架的制定更有说服力。

第7章

基于监管门槛效应的资本计提的反馈

系统重要性银行附加资本和逆周期资本计提的方式方法是差异化系统性风险附加资本监管框架的两个基本内容，这两者的确定使得差异化系统性风险附加资本监管框架基本成形。资本监管具有滞后性，但是对于未来银行监管又具有指导性。因为系统重要性银行附加资本与逆周期资本的确定都是基于历史数据，是对商业银行现有的风险状况进行评价，但是所提的资本要求是按照商业银行现在的发展态势，要求商业银行在未来某时点所需要具备的资本。这就使得系统性风险附加资本监管框架必须具备相应的反馈机制，以考察商业银行在未来某时点是否可以达到监管要求。本章拟在前文系统性风险附加资本计提方案的基础上，改进用于测算银行违约率的 KMV 模型，将其用于资本监管反馈中。

7.1 差异化系统性风险附加资本计提方案

根据前面所给出的系统重要性银行附加资本与逆周期资本的计提方式方法，进而可以设计得到相应的差异化系统性风险附加资本计提方案。

逆周期资本计提机制中，根据银行总信贷发放的波动对银行风险变化的影响，要求银行计提相应的逆周期资本，不过根据逆周期资本的计提方案看，因为近两年信贷增速较慢，逆周期资本也就近乎不用计提。因为我们选用的季度数据来设计逆周期资本机制，得到的是季度的逆周期资本计提方案。但在对商业银行提逆周期资本要求时，根据《巴塞尔协议Ⅲ》的要求，监管部门至少提前 12 个月对商业银行提出逆周期资本要求。因此，逆周期资本要求需是年度要求，在转化过程中，我们认为年度的逆周期资本要求是各季度逆周期资本比例中的最大值。这样做有两个目的，一是使得商业银行调整各季度信贷计划，尽可能达到平均各季度的信贷发放计划，降低信贷发放速度，另一方面，平缓的信贷发放也可以使监管部门有更多的时间去应对信贷过快发放所导致的风险累积。计提策略可以用表达式表示为：

$$YearCCB = \max_{i=1}^{4}(\text{quarter } CCB_i) \tag{7.1}$$

其中，$YearCCB$ 为年度逆周期资本要求，$\text{quarter } CCB_i$ 为季度逆周期资本要求。

我国信贷发放增速慢的形势与当前世界经济形势是对应的，世界经济经历金融危机的洗礼，刚从低谷慢慢回复，这一阶段信贷需求增加缓慢，相应所需的逆周期资本要求也低。因此，在这一阶段，我们重点关注的是空间维度的系统性风险。

前文的系统重要性银行附加资本的计提机制中，以2013年为例，平安银行与华夏银行在相应的监管容忍度下的风险溢出所需要的资本小于最低资本要求与留存超额资本要求之和，2.5%留存超额资本的计提就已经能吸收相应监管容忍水平下的风险溢出，所以这二者不需要计提系统重要性银行附加资本。对于其他上市商业银行而言，最低资本要求与留存超额资本要求之和并不足以覆盖其对银行体系的风险溢出，必须计提系统重要性银行附加资本。根据差异化系统性风险附加资本框架，系统性风险附加资本要求为系统重要性银行附加资本要求与逆周期资本要求的和，所以我们可以相应的得到不同系统重要性类别商业银行的系统性风险附加资本要求。而平安银行和华夏银行，由于这两者不需要计提系统重要性银行附加资本，因此，它们的系统性风险附加资本要求就等于逆周期资本要求。根据这一思路，计提方案可以用如下表达式表示：

$$SRC = SIBAC + CCB \tag{7.2}$$

其中，$SIBAC$ 为系统重要性银行附加资本要求，SRC 为系统性风险附加资本。

由此，我们可以得到2013年差异化系统性风险附加资本计提的方案。同样以监管容忍度为2.5%的情形为例。

表 7.1　　　　　　　差异化系统性风险附加资本计提方案

	系统重要性附加资本要求容忍度 2.5%	逆周期资本	系统性风险附加资本
第一梯队	2.23%		2.53%
第二梯队（其他）	0.66%	0.3%	0.96%
第三梯队（平安、华夏）	0		0.3%

上表中的系统性风险附加资本计提方案是在 2013 年各银行风险状况的基础上，对 2014 年各商业银行的所需资本提出的要求。根据这一资本要求，监管部门可以在一定程度上控制商业银行的风险扩张，也能改善商业银行信贷扩张行为，此外，监管部门明确的额外资本要求能使银行能够建立合理的资本补充机制。

7.2　资本监管反馈机制构建的必要性及思路

反馈是控制论中一个非常重要的基本概念。反馈的原意是将信号输入系统，再把控制系统输出的信号又送回来，对输出与输入信号进行比较，分析比较其差值，优化处理后再发出新的信号作用于系统，对系统起到控制的作用。银行体系作为金融体系的核心，在国民经济中扮演着重要的角色，通过发挥信用中介的职能，调节各行业、各部门的资金需求，同时在本国货币政策和其他国家宏观政策的指引下，实现调整经济结构、产业结构、消费、投资等的目的。但是同时，商业银行是一类特殊的企业，经营的是风险，具有有别于工商企业的特征。系统性风险附加资本要求要求商业银行在最低资本要求以及留存超额资本要求的基础上计提额外的资本，成本的加大，容易导致商业银行采取激进冒险的行为。根据前文的系统性风险附加资本计提方案，商业银行是否能在 2014 年达到这一资本要求是监管部门应当关注的，特别是对于融资能力不足仍然保持高风险操作的银行，对于这些商业银行监管部门应当介入勒令其控制信贷，减少高风险的行为。正因为银行体系的重要性及其脆弱性，我们需要构建一个动态的反馈机制，借助这一反馈机制，实现对商业银行时时监控。

商业银行违约率是银行自身的一个属性，可以反映该银行所面临风险的状况，也有利于社会大众和监管部门了解银行所面临的风险并给予监督。同时，商业银行违约率的测算有利于银行了解自身以及同类金融机构，违约率高的商业银行其在同业间的竞争力也相对较差，商业银行在选择交易对手时也可以作为参考。因此，通过同业、监管部门以及社会大众的监督，违约率高的商业银行可以通过资本补充的方式或者是约束风险行为的方式降低自身的违约率。这两种方式不管是哪一种，都是监管部门所乐意见到的。另一方面，银行的违约率是我国实施《巴塞尔协议Ⅲ》保持国际接轨以及《商业银行资本管理办法（试行）》的关键参数之一。违约率的测算可以作为一种激励，促使商业银行提高其风险管理水平。

目前而言，有较多的学者提出了不同的违约率度量方法。总的来说，关于商业银行违约率的测算，大致可以分为两种：

（1）基于财务指标的违约率测算

如Logistic模型。吴世农等（2001）和Westgaard等（2001）应用Logistic模型分别对我国上市公司和挪威上市公司的违约率进行预测；彭建刚等（2009）利用有序多分类的logistic模型对商业银行公司类贷款初始违约率的测算进行探索；石晓军等（2007）采用Cramer提出边界logistic模型对上市公司的违约率进行预测，研究发现预测效率比一般的logistic模型要高。同样地，对商业银行的评级与银行的财务状况数据进行logistic回归，可以得出商业银行的违约率。目前，这种模型多针对工商企业，对我国商业银行违约率的研究较少。

（2）基于期权定价理论的商业银行违约测算

如KMV模型。KMV公司开发的KMV模型以期权定价理论为基础，运用公开股票市场的数据可以得到上市企业的违约状况。由于 KMV 方法的便利性，许多国内外专家和学者都对 KMV 模型开展研究。Crosbie 和 Bohn（2001）阐述了如何应用 KMV 模型来对上市公司的违约率进行测算；Tudela 和 Young（2003），Vassalou 和 Xing（2004）分别选用英国公司的数据和 Compustat 中的数据，应用 KMV 模型对企业的违约概率进行测度；Leland（2004）对 KMV 模型中不同违约点及违约距离计算方法之间的联系及其对公司违约率的影响进行研究；Yeh 等（2012）采用随机森林和粗糙集理论对 KMV 模型进行改进，并运用改进后的混合 KMV 模型对台湾高科技企业进行信用评级；此外，如李秉祥（2004）将 KMV 模型应用与企业财务危机预警中，克服统计预测方法的滞后性缺陷。迟国泰等（2012）为了测算银行负债计算中的最优长期负债系数，运用 KMV 模型计算上市银行的违约率，与债券市场所反映的银行违约率作比，发现系数为 0.7654 时，通过 KMV 测算出来的商业银行违约率与债券市场所反映的最接近。根据石晓军、陈殿左（2004）关于 KMV 模型的分析，商业银行的违约率随着银行资产价值波动率的变化而变化，并且这种变化时单调的，随着资产价值波动性的增强，商业银行的违约率随之提高。

类似地，我们可以通过构建一个指标，将资本监管要求与商业银行自身的属性结合起来，简单的方式是在商业银行违约率的基础上进行改进，将资本监管要求纳入到违约率测算过程。比较上述两种违约率的测算方法，相对来说，采用 KMV 模型测算的违约率更符合反馈机制的需要，一方面 KMV 采用的是资不抵债的理念，资本要求能较为简单的融入。在 KMV 模型中，资本要求的提高相当于是改变了银行的负债端，并不会对整个模型的思路造成影响。另一方面，KMV 采用的是公开市场数据，能把握商业银行资产市值的变化，实现对各商业银行的时时监控。

但是，对于商业银行来说，采用 KMV 模型进行测算违约率仍存在两方面的问题：一方面，考虑到商业银行面临的资本监管环境，采用与上市工商企业相同的违约判断标准来测算其违约率是否合理值得探讨，如何改进；另一方面，采用 KMV 模型进行商业银行违约率测算过程中，虽然可以反映银行资产波动的风险，但是并不能很好地反映出商业银行自身资产风险存量对商业银行违约率的影响。鉴于此，我们的思路是根据《商业银行资本管理办法（试行）》对商业银行核心一级资本充足率的要求对 KMV 模型中商业银行的违约点进行改进，通过改变违约点，将资产风险因子纳入这一模型。

7.3 资本监管反馈模型的建立

下面根据商业银行所面临的资本监管门槛，对基于 KMV 模型的违约率测算方法进行改进，使其满足反馈机制设计的需要。

7.3.1 基于 KMV 的商业银行违约率测算

商业银行的总资产是银行的负债与所有者权益之和，银行的所有者权益包括实收资本（或股本）、资本公积、盈余公积和未分配利润，《巴塞尔协议Ⅲ》要求的核心一级资本包含满足监管标准的普通股、股本盈余、留存收益、公开储备等。通过对比，发现所有者权益与核心一级资本所包含的项目接近，本文将两者视为相等。

根据资产、负债和所有者权益的恒等关系，商业银行同样满足

$$V_t = L_t + E_t \tag{7.1}$$

其中，V_t 是银行的资产，L_t 是银行的负债，E_t 是银行所有者权益，这里的 E_t 也是核心一级资本。

结构化模型（Structural Model）一般把违约认为是银行的资产价值过程低于某个违约点的事件，在这里违约点的选择通常与该银行的债务结构相关，即

$$PD_t = P(V_t < C_t) \tag{7.2}$$

其中，PD_t 是银行 t 时刻的违约率，C_t 表示银行 t 时刻的违约边界，由公司 t 时刻负债水平决定，且在初始时刻有 $V_0 > C_0$ 成立。

与式（6.2）一样，假设银行资产价值的服从几何布朗运动

$$\frac{dV_t}{V_t} = \mu_t dt + \sigma_t dW \tag{7.3}$$

得到：

$$PD_t = P\left(\varepsilon < \frac{\ln\frac{C_t}{V_0} - (\mu - \frac{\sigma^2}{2})t}{\sigma\sqrt{t}}\right) = \Phi\left(\frac{\ln\frac{C_t}{V_0} - (\mu - \frac{\sigma^2}{2})t}{\sigma\sqrt{t}}\right) \tag{7.4}$$

对于违约点 C_t 的选择，违约点的选择一般处于流动负债和总债务金额之间，可以用如下表达式表示：

$$C_t = CL_t + \gamma LL_t \tag{7.5}$$

其中，CL_t 为短期负债，LL_t 为长期负债，γ 为长期负债的系数，当 $\gamma = 1$ 的时候，C_t 就等于银行的负债。γ 一般取值为 0.5。

式（7.4）对资产价值的波动率求导，有

$$\frac{\partial PD_t}{\partial \sigma} = \Phi'_\sigma\left(\frac{\ln\frac{C_t}{V_0} - (\mu - \frac{\sigma^2}{2})t}{\sigma\sqrt{t}}\right) \cdot \frac{\frac{1}{2}\sigma^2 t\sqrt{t} - \sqrt{t}(\ln\frac{C_t}{V_0} - \mu t)}{\sigma^2 t} \tag{7.6}$$

式（7.6）的分子项中，$\ln\frac{C_t}{V_0} - \mu t = -\left(\ln\frac{V_0}{C_t} + \mu t\right) = -\ln\frac{V_0 e^{\mu t}}{C_t}$，分子为资产在 t 时刻的平均价值，分母为 t 时刻的银行负债，在商业银行正常经营的情况下，资产应当大于负债，也就是说，$\frac{V_0 e^{\mu t}}{C_t} > 1$，$\ln\frac{C_t}{V_0} - \mu t < 0$，所以，$PD_t$ 关于资产波动率的导数大于 0，此时就得到了与石晓军等（2004）相同的结论，商业银行的违约率随着资产波动增加呈现单调变大的趋势。

当 $t=1$ 时，此时银行的违约率

$$PD = \Phi\left(\frac{\ln\frac{CL+\gamma LL}{V_0} - (\mu - \frac{\sigma^2}{2})}{\sigma}\right) \quad (7.7)$$

从这一指标的计算过程我们可以看到，违约率的测算并没有将监管资本要求纳入到测算过程中，商业银行面临着更为严格的监管环境，下面将对这一测算过程进行改进，以体现附加资本监管要求。

7.3.2 模型的改进及资本监管合规率指标

从上述的计算过程可以知道，商业银行违约率变化的一个重要因素是资产价值的波动，并没有将商业银行自身的资产风险包含在里面。对于商业银行，其资产的风险是导致商业银行违约的一个重要因素。对于社会大众与监管部门来说，他们所关心的应该是银行可能出现违约的时点，这个违约可能是资产价值波动引起，也可能是银行资产的风险变化引起。

因为商业银行经营的是风险，不仅面临着债务对象的监督，更面临着监管部门的资本要求。监管部门为了经济金融稳健运行和存款人的利益，对银行实施监管。根据《巴塞尔协议Ⅲ》要求，商业银行的核心一级资本充足率要达到7%，而根据中国银监会颁布的《商业银行资本管理办法（试行）》，国内商业银行的核心一级资本充足需要达到7.5%。

$$核心一级资本充足率 = \frac{核心一级资本}{风险加权资产} \quad (7.8)$$

监管标准的提出，导致银行的违约率标准有别于一般的工商企业。监管引申出商业银行正常经营的一个额外约束条件，正因为有监管部门的干预，商业银行的核心一级资本不足时，商业银行会可能会采取一些手段，其中包括选择违约，这时候银行的正常经营会受到影响，这是资本监管的门槛效应。正因为资本的外在监管要求使得商业银行的违约情况受到影响。而对于存款者来讲，在这个时点上，银行的高风险行为会侵蚀自身的资本充足水平，这可能会侵害存款者的利益。商业银行也可以根据这一违约率，知道自身所面临的风险，更好地提高风险管理水平，提高其在同业中的竞争力。

根据前文的论述，核心一级资本在数值上与所有者权益等同，此时，核心一级资本就等于资产与负债的差，根据我国《商业银行资本管理办法（试行）》的要求，核心一级资本充足率为：

$$\frac{\text{核心一级资本}}{\text{风险加权资产}} = \frac{V_t - L_t}{RWA_t}, RWA_t \text{为银行风险加权资产} \quad (7.9)$$

此时，对于监管部门，银行的违规发生在核心一级资本充足率低于监管要求的时候。

$$PD'_t = P\left(\frac{V_t - L_t}{RWA_t} < \alpha\%\right) \quad (7.10)$$

通过比较（7.2）式和（7.10）式可以知道，当 γ 在之间，并且有 $V_t < C_t$ 成立的时候，定有 $\frac{V_t - L_t}{RWA_t} < \alpha\%$ 成立，也就是说，$PD_t < PD'_t$。这是很显然的，监管的标准使得商业银行的违规的触发点提高了，否则监管将失去意义。

将服从几何布朗运动下的资产表达式（6.4）代入式（7.10），得

$$PD'_t = P\left(\frac{V_0 e^{(\mu - \frac{\sigma^2}{2})t + \sigma W(t)} - L_t}{RWA_t} < \alpha\%\right) \quad (7.11)$$

$$RCR = 1 - PD'_t \quad (7.12)$$

其中，RCR（Regulatory Compliance rate）为资本监管合规率，它是在监管资本要求下商业银行达到监管标准的概率。它可以用来反映商业银行在监管部门的附加资本要求下，未来时点达到监管要求的情况，该值越大，表示商业银行按照现阶段的发展态势可以较为容易地达到监管资本要求。监管部门在宏观审慎框架下对商业银行提出了附加资本要求，这一资本要求也可以在式（7.13）中体现，主要体现在核心一级资本充足率标准 $\alpha\%$，因为附加资本必须由银行的普通股构成，所要求的附加资本越高，$\alpha\%$ 值就越大。同时，记

$\lambda_t = \frac{RWA_t}{V_t}$，表示的是 t 时刻商业银行风险加权资产与资产的比值，可以用来反映单位资产风险随着时间 t 的变化。这时，通过引入资本监管门槛，我们将 t 时刻的资产风险存量纳入到了资本监管合规率指标中。从表达式的结构上看，资产风险的变化会直接对商业银行的资本监管合规率造成影响。

进一步地，为了考察资本监管合规率与银行资产风险之间的关系，对式 (7.11) 进行变换，可以得到

$$PD'_t = \Phi\left(\frac{\ln\frac{L_t}{V_0(1-\alpha\%\lambda_t)}-(\mu-\frac{\sigma^2}{2})t}{\sigma\sqrt{t}}\right) \quad (7.13)$$

式 (7.13) 中，$\Phi(\cdot)$ 是一个单调递增的函数，记 $Y = \frac{\ln\frac{L_t}{V_0(1-\alpha\%\lambda_t)}-(\mu-\frac{\sigma^2}{2})t}{\sigma\sqrt{t}}$ 对 Y 关于 λ_t 求偏导，得

$$Y_{\lambda_t} = \frac{\alpha\%/(1-\alpha\%\lambda_t)}{\sigma\sqrt{t}} \quad (7.14)$$

在式 (7.14) 中，当其他参数一定，$\lambda_t < \frac{1}{\alpha\%}$ 时，$Y_{\lambda_t} > 0$。此时，随着 λ_t 的增大，Y 变大，PD'_t 也变大。也就是说，随着银行资产风险的提高，商业银行的资本监管合规率也会随之降低。当 λ_t 趋向于 $\frac{1}{\alpha\%}$，PD'_t 趋于 1，资本监管合规率趋于 0。接下来的讨论基于 $\lambda_t < \frac{1}{\alpha\%}$ 的情形。

对 Y 关于商业银行资产价值的波动率 σ 求导，有

$$Y_\sigma = \frac{\sigma^2 t\sqrt{t}-\left[\ln\frac{L_t}{V_0(1-\alpha\%\lambda_t)}-(\mu-\frac{\sigma^2}{2})t\right]\sqrt{t}}{\sigma^2 t} \quad (7.15)$$

第一种情形，λ_t 为定值，且 $0 < \lambda_t < \frac{1-\frac{L_t}{V_0}\exp\left\{-(\frac{\sigma^2}{2}+\mu)t\right\}}{\alpha\%}$，$Y$ 随着商

业银行资产价值的波动率 σ 的提高而增大，此时，商业银行的违约率也随着商业银行资产价值的波动率 σ 的提高而提高。

第二种情形，当 λ_t 为一个定值，并且有 $\dfrac{1-\dfrac{L_t}{V_0}\exp\left\{-(\dfrac{\sigma^2}{2}+\mu)t\right\}}{\alpha\%}<\lambda_t<\dfrac{1}{\alpha\%}$ 成立时，商业银行的违约率随着商业银行资产价值的波动率 σ 的提高而下降，；当 σ 提高到一定程度时又会出现 $\lambda_t<\dfrac{1-\dfrac{L_t}{V_0}\exp\left\{-(\dfrac{\sigma^2}{2}+\mu)t\right\}}{\alpha\%}$ 的情形，此时，商业银行的违约率随着资产价值波动率的提高而提高。

模型中资产风险的变化还可以直接与宏观经济的波动挂钩。当商业银行资产价值的平均收益率以及商业银行资产价值的波动率一定的情况下，当经济处于上行时期，资产风险变小，此时，商业银行的资本监管合规率会随之变大，而当经济处于下行时期，银行资产质量变差，资产的风险变大，此时银行的资本监管合规率随之降低。

在其他参数一定的情况下，商业银行的违约率随着它的资产市场价值的波动而波动：当银行的资产风险较小的时候，资产价值的波动性越大，商业银行的违约率就越大，资本监管合规率就越小；当资产风险较大的商业银行，资产价值的波动性越大，银行的违约率降低，资本监管合规率就会提高。当过了相应的临界值后，商业银行的违约率又会随着资产价值波动率的变大而变大。正是资产风险的引入，导致商业银行违约率并不是资产波动率的单调函数。商业银行是一个经营风险的企业，有其特殊性存在，在计算商业银行资本监管合规率时考虑资产风险就显得极为重要。

7.4 仿真分析

基于上述分析，为了考察商业银行违约率随着商业银行资产风险以及资产价值波动率的变化,对其进行仿真模拟。

不妨假设,某商业银行资产价值为 10 个单位,资产收益率为 0.01;账面负债为 9 个单位,商业银行核心一级资本充足率的监管标准是 7.5%。

(1)考察资产波动 σ 一定的情况下,商业银行违约率随资产风险的变化

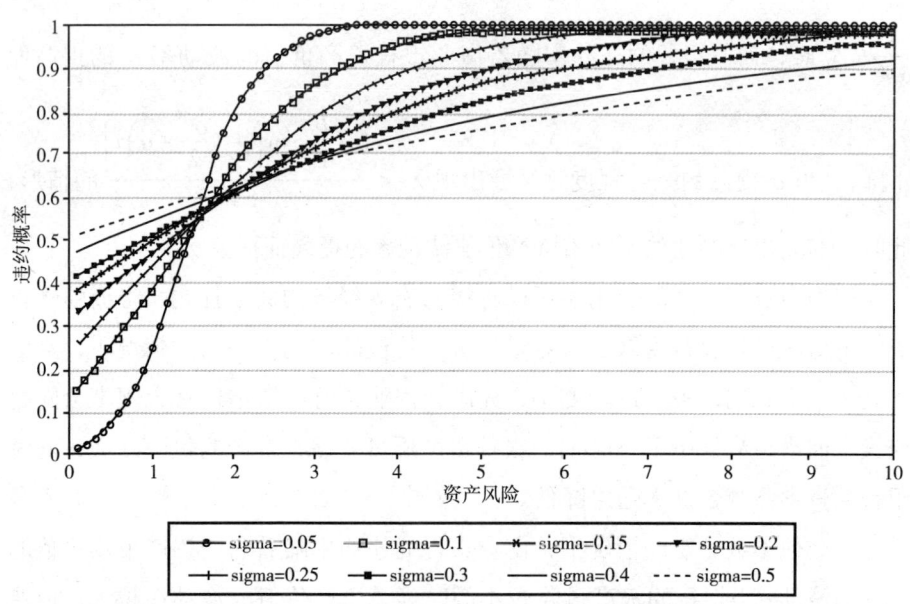

图 7.1 资产波动一定的情况下违约率变化

从图 7.1 中可以发现,当商业银行资产价值波动率在 0—0.5 之间时,商业银行的违约率随着资产风险增加而提高,那么资本监管合规率随着资产风险的增加而降低。当资产价值的波动率较小时,商业银行的违约率随着资产风险的增加增幅较大,相反地,资本监管合规率则是下降的幅度较快,也就是说,此时商业银行的资本监管合规率对资产的风险更为敏感。同时,随着资产波动率的提高,资本监管合规率随着资产风险的变化逐渐平缓。我们可以看到,资产风险 λ_t 小于 1 时,随着波动率的增加,商业一行的违约率上升,资本监管合规率就下降。此时,监管部门就应该对资产波动率较大的银行提高警惕,甚至采取强制性的措施限制其资产的过度波动。当资产风险 λ_t 大于 2 时,资产波动的提高使得违约率下降,也就是说,此时

商业银行的资本监管合规率反而提高,对于这些银行来说,监管部门应当采取差异化的监管措施,可以鼓励其增加资产的波动,此外,也可以约束其资产风险,使对它的监管纳入到资产风险 λ_i 小于 1 的情形中,实现银行间监管的统一。

(2)考察资产风险 λ 一定的情况下,商业银行违约率随资产波动的变化

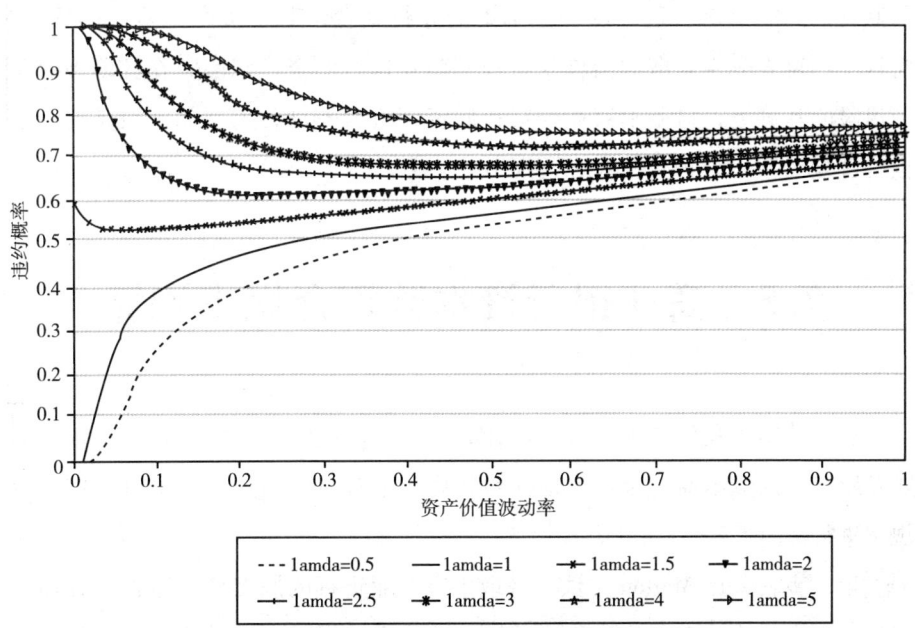

图 7.2 资产风险一定的情况下违约率变化

图 7.2 给出在一定资产风险下,商业银行违约率随资产价值波动率的变化情况。从图中可以看出,在不同的资产风险下,商业银行违约率随资产价值波动率的变化呈现不同的特性。在资产风险为 0.5 和 1 的情况下,商业银行违约率随资产价值波动率的增加而单调递增。当 λ 在 1.5 及以上时,违约率随资产价值波动率的增加先呈现递减趋势,而后随着资产价值的增加而增大。商业银行违约率这种变化,随着资产风险 λ 的提高逐渐趋缓。从资产价值波动率趋于 1 的时候,违约率都逐渐向区间靠拢。这一区间与初始资产价值与负债的假设有关。这也表明一个特点,不管是风险高的银行还是风险低

的银行，随着资产价值的波动率的提高会趋向于一个均衡。从图 7.2 我们同一样可以看到，不管资产价值的波动率如何变化，资产风险小的商业银行，其违约概率要小于资产风险大的银行，也就是说资本监管合规率要比资产风险大的商业银行高，这意味着资产风险是监管部门首要关注的对象，资产风险大的商业银行容易采用更具风险极端的经营手段，使其资本监管合规率达到监管部门的要求。这可以与图 7.1 的分析结合，对于资产风险高的银行，监管部门首先应当采取的措施就是控制商业银行的资产风险，在控制现有资产风险的基础上，再要求商业银行控制资产价值波动，主要的手段是使商业银行合规经营，维护其在社会大众中的信心。

7.5 商业银行资本监管合规率测算

在本节中，我们要根据前面设计的差异化系统性风险附加资本计提方案以及所提出的资本监管合规率指标的计算防范对我国商业银行的资本监管合规率进行测算。

第一步，采用 Merton 方法，选取上市商业银行的股票价格数据估计商业银行的资产价值和资产价值的波动率，计算方法同前一章关于商业银行资产价值的计算。

由于系统性风险附加资本要求是在 2013 年的基础上对商业银行提出的附加资本要求，考察的时点应该是 2014 年，所以，在数据的选取上，我们选用的数据包括 2014 年 16 家 A 股上市商业银行日收盘价、负债总计、总股数等数据，根据日收盘价计算每一家上市银行的收益率波动率。

值得一提的是，各商业银行的资产与负债数据选自各商业银行 2014 年半年报。通过 Black－Scholes 公式求解出银行的资产价值及资产价值波动率（如表 1 所示）。

表 7.2　　　　　　　上市银行资产价值与波动率计算结果

银行股票代码	总股数	日均收盘价（元）	负债总计/总股数（元/股）	收益波动率	资产价值（元/股）	资产价值波动率
平安银行	8.2E+09	11.115900	245.87610	0.381000	254.2552	0.0325
宁波银行	2.88E+09	9.937746	171.65010	0.321402	176.5814	0.0186
浦发银行	1.87E+10	9.991434	198.83150	0.298993	202.9467	0.0147
华夏银行	8.9E+09	8.678327	189.39350	0.328942	192.4737	0.0148
民生银行	2.84E+10	7.203673	117.82170	0.386799	121.5413	0.0229
招商银行	2.52E+10	10.712040	188.21520	0.267676	193.3742	0.0149
南京银行	2.97E+09	8.887828	163.10800	0.324838	167.1752	0.0173
兴业银行	1.91E+10	10.374650	195.51110	0.311853	200.1070	0.0162
北京银行	8.8E+09	7.845369	143.00400	0.357884	146.6222	0.0192
农业银行	3.25E+11	2.524612	46.48753	0.272584	47.6392	0.0145
交通银行	7.43E+10	4.195020	78.65844	0.317224	80.5287	0.0165
工商银行	3.51E+11	3.586204	53.91231	0.248162	55.9055	0.0159
光大银行	4.63E+10	2.756612	54.11670	0.325899	55.2740	0.0163
建设银行	2.5E+11	4.207306	61.00843	0.297629	63.4128	0.0198
中国银行	2.79E+11	2.741102	51.76977	0.288753	52.9806	0.0149
中信银行	4.68E+10	4.726612	86.87158	0.435108	89.0302	0.0231

第二步，计算各商业银行的资本监管合规率。根据 $PD = N(-DD)$，DD 是违约距离，其计算公式为：

$$DD = \frac{\ln \frac{V}{C} + (\mu_V - \frac{\sigma_V^2}{2})}{\sigma_V} \quad (7.16)$$

其中，$C = \alpha\% \times RWA_T + L_T = \alpha\% \times \lambda_1 V + L$ 是银行的违约点，是商业银行自身的负债水平与监管部门的附加要求之和。为了考察 2014 年末是否可以达到监管要求，用时期中位点的单位资产风险来代替年末的单位资产风险，因此采用 2014 年 16 家上市银行半年报中风险加权资产数据和资产数据计算 $\lambda_{1/2}$，用来替代 2014 年上市银行单位资产风险 λ_1，资产收益率采用 2014 年各商业银行半年报的资产回报率指标的数值。由于北京银行尚没有公布半年报数据，其风险加权资产以及资产数据采用的是 2013 年末数据。根据银监会发布《商业银行资本管理办法（试行）》中的规定，商业银行在 2013 年末核心一级资本充足率就需达到 5%，再加上 2.5% 储备资本的要求，也就是说，商业银行在 2014 年末的普通股水平需达到 7.5%。根据这些参数以及 7.5% 的监管阈值，得到银行的单位资产风险以及各商业银行违约点如表 7.3 所示。

表 7.3　2014 各上市上商业银行单位资产风险及违约点的确定

银行股票代码	风险加权资产（百万元）	资产总计（百万元）	$\lambda_{1/2}$	单位资产风险排序	资本资产比	银行违约点（元/股）
平安银行	1 250 270	2.13648E+6	0.585202	3	0.0579	254.2767
宁波银行	313 128	5.24229E+5	0.597312	4	0.0569	177.6292
浦发银行	2 544 121	3.93022E+6	0.647323	9	0.0577	206.3437
华夏银行	1 121 502	1.77856E+6	0.630567	7	0.0530	196.3297
民生银行	2 595 742	3.57145E+6	0.726803	16	0.0649	122.8584
招商银行	2 898 005	5.03312E+6	0.575787	1	0.0589	194.5488
南京银行	333 543	5.13733E+5	0.649254	10	0.0572	169.2856
兴业银行	2 468 410	3.9482E+6	0.625199	6	0.0555	202.6290
北京银行	887 884	1.33676E+6	0.664204	14	0.0592	148.5567
农业银行	10 422 045	1.60066E+7	0.651109	11	0.0570	48.2530
交通银行	4 106 731	6.28394E+6	0.653528	12	0.0702	81.6993
工商银行	11 858 669	2.03037E+7	0.584065	2	0.0673	55.7690
光大银行	1 819 547	2.66958E+6	0.681586	15	0.0621	56.2797
建设银行	10 109 495	1.63998E+7	0.616440	5	0.0700	63.2325
中国银行	10 185 020	1.54691E+7	0.658411	13	0.0655	53.7759
中信银行	2 779 222	4.31119E+6	0.644654	8	0.0568	90.1371

注：北京银行因为没有公布 2014 年半年报，其风险加权资产与资产总计数据选自 2013 年年报。

从表 7.3 中我们可以看到，招商银行与工商银行的单位资产的风险水平最低，而民生银行的单位资产风险最大，根据单位资产风险以及违约点的情况，再按照公式（7.14）和公式（7.15）计算各商业银行的资本监管合规率如下表所示。根据表 7.4，普通股资本监管要求为 7.5% 的情况下，各商业银行的资本监管合规率都在 80% 以上，像工商银行都达到了 99.74%，也就是说，按照2014上半年的发展现状，工商银行在年末能较为轻松达到监管部门的资本要求。民生银行的单位资产风险最大，但是由于它的资产回报率较高，仅次于建设银行与工商银行，因此在资本监管合规率指标上升至13位。其中，也有异常情况出现，如招商银行，其单位资产风险在所有上市银行中是最小的，而且它的资产回报率比交通银行要高，资产价值波动率比交通银行要小，按照资本监管合规率的计算方法，招商银行的资本合规率要比交通银行要高，但是结果却比交通银行低。出现这一情况并非偶然，基于改进KMV模型的资本监管合规率测算方法的另一重要影响因素是各商业银行初始时刻的资产负债情况，也就是说，初始时刻商业银行的资本水平会对该银行的资本监管合规率造成影响。如果资本水平较高，那么在相同的资本监管标准下，必然更容易满足监管要求。通过对比招商银行与交通银行的资本水平（见表7.3），招商银行的资本资产比为 0.0589，而交通银行的资本资产比为0.0702，这表明招商银行比交通银行的杠杆更高，风险也更大。

表 7.4 《资本管理办法》框架下各上市银行资本监管合规率测算结果

银行股票代码	资产回报率 μ_V	资产价值波动率	违约率 PD'	资本监管合规率	排序
平安银行	0.004714	0.0325	0.1926	0.8074	16
宁波银行	0.005887	0.0186	0.0776	0.9224	9
浦发银行	0.005818	0.0147	0.0632	0.9368	7
华夏银行	0.004886	0.0148	0.1311	0.8689	14
民生银行	0.007305	0.0229	0.1277	0.8723	13
招商银行	0.006064	0.0149	0.0161	0.9839	5
南京银行	0.005628	0.0173	0.1085	0.8915	11
兴业银行	0.006507	0.0162	0.0875	0.9125	10
北京银行	0.006002	0.0192	0.1149	0.8851	12
农业银行	0.006502	0.0145	0.068	0.932	8
交通银行	0.005871	0.0165	0.0067	0.9933	2
工商银行	0.007308	0.0159	0.0026	0.9974	1
光大银行	0.005946	0.0163	0.0578	0.9422	6

续表

银行股票代码	资产回报率 μ_V	资产价值波动率	违约率 PD'	资本监管合规率	排序
建设银行	0.007986	0.0198	0.0104	0.9896	3
中国银行	0.006038	0.0149	0.0127	0.9873	4
中信银行	0.005202	0.0231	0.1835	0.8165	15

根据上表所示，平安银行、中信银行的资本监管合规率在所有上市银行中排名靠后，其资本监管合规率仅为0.8，然而一旦在2014年末没有达到监管部门的要求，那么他们的正常经营将受到影响，监管部门也应给予足够的关注，要求其扩充核心一级资本，或者是通过减小风险过高资产的手段来提高核心一级资本充足率。

在现在的《资本管理办法》框架下，系统性风险附加资本计提框架尚未明朗，所有商业银行面临着同一监管标准。整体来说，工、农、中、建、交五大国有商业银行的资本监管合规率排在前列，但是根据差异化系统性风险附加资本计提方案，这五大国有商业银行的系统重要性要比其他股份制商业银行具有更高的系统重要性，它面临着更为严格的系统性风险附加资本要求，其他股份行除平安银行和华夏银行外也面临着额外的附加资本要求。按照差异化系统性风险附加资本监管标准来考察各上市银行的资本监管合规率，城商行的监管标准与平安华夏一样，只需面临2.5%的储备资本要求和0.3%的逆周期资本要求，不需要计提系统重要性银行附加资本。计算的资本监管合规率结果如下：

表7.5 差异化系统性风险附加资本框架下资本监管合规率测算结果

银行股票代码	普通股监管要求	违约率 PD'	资本监管合规率
平安银行	7.80%	0.1926	0.8074
宁波银行	7.80%	0.0776	0.9224
浦发银行	8.46%	0.1364	0.8636
华夏银行	7.80%	0.1311	0.8689
民生银行	8.46%	0.2049	0.7951
招商银行	8.46%	0.0387	0.9613

续表

银行股票代码	普通股监管要求	违约率 PD'	资本监管合规率
南京银行	7.80%	0.1085	0.8915
兴业银行	8.46%	0.1638	0.8362
北京银行	7.80%	0.1149	0.8851
农业银行	10.03%	0.5016	0.4984
交通银行	10.03%	0.1241	0.8759
工商银行	10.03%	0.0566	0.9434
光大银行	8.46%	0.1225	0.8775
建设银行	10.03%	0.1008	0.8992
中国银行	10.03%	0.2227	0.7773
中信银行	8.46%	0.2648	0.7352

在差异化系统性风险附加资本监管框架下，商业银行的资本监管合规率呈现出较大的变化。宁波银行、南京银行与北京银行三家城商行的资本监管合规率分别为0.9224、0.8915、0.8851，在所有上市银行中都排在前列，也就是说，在差异化系统性风险附加资本监管框架下，城商行并没有面临太大的资本补充压力。在股份制商业银行中，各银行的资本监管合规率呈现出极大的差异，招商银行的资本监管合规率为0.9613，按照差异化系统性风险计提方案，它排于首位。招商银行的结果其实是监管方式的选择造成的，根据第五章的测算结果，招商银行的系统重要性排序仅次于五大国有商业银行，其风险溢出较大，然而将其划分为系统重要性银行的第二梯队，它所要承担的风险溢出部分转移给了系统重要性低于它的银行，它面临的附加资本要求低于其风险溢出水平，资本监管合规率排名第一，躲过了监管，这是商业银行道德风险产生的关键节点，应当予以高度重视。

在上表中，五大国有商业银行之间的变化时最大的。在表7.4中，五大国有商业排在所有商业银行的前列，而在差异化系统性风险附加资本计提方案下，五大国有银行因为其系统重要性，需要计提更多的附加资本。五大国有商业银行中，工商银行表现最为稳健，一直排在前列，而农业银行表现最不稳定，按照2014年的经营状况，农业银行在年末达到差异化系统性风险附加资本监管要求的概率仅有 0.5 左右，对于农业银行自身而言，其风险水平较高，单位资产的风险也排在所有上市银行中的 11 位，但是资本资产比仅为 0.057，普通股相对不足，这是一方面，另一方面则与招商银行的情况类似，按照系统重要性分类，农业银行排在第一梯队，但其系统重要性在第一梯队中排在最后，承担了系统重要性排在第一和第二的工商银行以及建设银行的部分风险溢出。根据资本监管合规率指标得到的结果与目前我国银行的普通股现状颇为相近，2013 年末，据中国证监会会计部主任贾文勤表示，我国上市银行一级资本缺口巨大，核心一级资本缺口达 463 亿元，从单家银行看，农行的普通股再融资压力最大，预计规模为 334 亿。总的来说，农业银行将成为监管部门的防范系统性风险的监管重点。

7.6 本章小结

随着我国《商业资本管理办法（试行）》的推出，商业银行的监管变得更为严格。系统性风险附加资本监管框架的提出，监管部门就必须构建相应的监管反馈机制，用以考察各商业银行资本是否可以达到监管要求。通过改进用于测算企业违约率的 KMV 模型，并将核心一级资本监管要求引入到模型中，根据资本监管的门槛效应，用改进 KMV 模型来测算商业银行的违约率，进而得到资本监管合规率指标。该模型采用商业银行的公开市场数据以及财务报表中的数据，不仅可以反映商业银行资产价值的变化，也能反映其资产风险的大小。

当在一定的资产价值收益率与波动率的情况下，商业银行的违约率随着资产风险的增加而增大，而且当波动率较小的时候，违约率对资产风险的变化更为敏感；当资产价值的收益率与资产的风险水平一定时，其中存在一个临界值，当资产的风险水平小于临界情形时，商业银行的资本监管合规率随着资产价值波动率的变大而降低，但当资产的风险水平大于临界值时，商业银行的资本监管合规率随着资产价值波动率先变小后变大,这种趋势随着资产风险水平的提高而渐渐趋于平缓。就我国上市商业银行样本而言,商业银行的资产风险都不超过 0.75,在临界值以下,因此,商业银行的资本监管合规率随着资产价值波动率的提高而降低。监管部门对于那些资产价值波动率高的商业银行,要求其审慎经营,维持公众信心,降低资产波动。

以资本监管合规率指标为核心内容的资本监管反馈机制应用简便,通过对各上市银行资本监管合规率的测算发现,这一监管反馈机制所反馈的信息较为符合我国目前商业银行核心一级资本不足的现状。监管部门也可以采用资本监管合规率指标甄别未来各商业银行达到监管目标的情况,挑选出合规率低的银行,对其进行重点关注;合规率位于中位的银行采取选择性关注;而对合规率高的商业银行给予鼓励和支持。

该反馈机制所采用的数据高度透明,不仅可以提高公众对于商业银行的监督力度。同时,商业银行也可以把这一资本监管合规率指标作为自身加强风险管理水平的依据,对资产的风险严格把控,这对于金融业运行效率和金融稳定来说都有重要意义。

| 第 8 章 |

实施系统性风险附加资本计提框架的相关建议

第 8 章　实施系统性风险附加资本计提框架的相关建议

基于《巴塞尔协议Ⅲ》中系统性风险附加资本计提框架存在的不足提出差异化资本监管框架,并结合我国尚没有提出防范系统性风险的资本监管框架的现实情况,从整体上把握商业银行与银行体系之间的风险依存关系,利用资本与风险之间的关系得到不同监管容忍度下银行的系统重要性银行附加资本。进一步地,针对《巴塞尔协议Ⅲ》中逆周期资本计提框架参考指标适用性的问题,从商业银行自身风险变化影响因素着手,找寻影响风险累积的关键指标,并建立相应的逆周期资本计提机制。至此,差异化系统性风险附加资本计提框架的元素基本实现,然而,在监管视角上,商业银行能否在未来时点达到附加资本监管要求是监管有效性的重要体现,因此,根据资本监管门槛效应建立资本合规率指标来考察商业银行未来达标情况,将此作为监管部门介入商业银行风险管理的依据。

然而,在经济新常态下,产业结构的不断优化,使得系统性风险的触发点更为错综复杂,系统性风险的防范任务更为艰巨。在我国,《资本管理办法》虽然综合了《巴塞尔协议Ⅱ》与《巴塞尔协议Ⅲ》的核心要义,包括微观审慎监管与宏观审慎监管,然而以防范系统性风险为目标的宏观审慎监管框架要在我国落地尚存在诸多限制,不管是监管部门还是商业银行而言,软硬件设施都不成熟。本文所提出的系统性风险附加资本监管框架作为是宏观审慎资本管理的主要内容,尽快在我国银行业业内推广具有极为重要的意义,本节就如何加快这一资本监管框架落地提出若干建议。

8.1　夯实微观数据基础

系统性风险附加资本计提要实现防范系统性风险的目标,最终还是将落实到各商业银行监管资本的计提中。虽然本文所提出的系统性风险附加资本计提框架主要是建立在公开透明的股票市场交易数据上,但仍然离不开如资本充足率、风险加权资产、资产负债等指标。因此,对于系统性风险附加资本计提框架的落地，首先需要夯实银行数据基础，保证数据的完整与真实。

8.1.1 银行内部并行统一风险资产口径

系统性风险附加资本监管框架中的两个重要内容，逆周期资本计提和系统重要性银行附加资本监管的反馈都会依赖商业银行的单位资产风险指标，而单位资产风险指标等于风险加权资产与总资产的比值，对于各商业银行而言，风险加权资产的计算所采用的是不同的方法，2014年上半年，中国银监会已经批准中、农、工、建、交五大国有商业银行以及招商银行可以实行内部评级高级法，并且中国银行在2014年的半年报中都已经公布了并行的风险加权资产计算结果。其他的上市银行内部并不能实施内部评级高级法，因此单位资产风险这一指标在各银行之间的统计口径存在差异。风险加权资产的差异会直接影响系统重要性银行附加资本以及逆周期资本计提的效率，正如第三章中所述，内部风险度量方法的差异会使逆周期资本的计提失去本来的效用。商业银行内部并行一种统一的风险资产度量方法，一方面，对于风险管理水平好的商业银行仍可以使用更为高级的、更自由的风险度量与控制手段，可以节约管理内部风险所需的资本，另一方面，监管部门可以采用商业银行间并行的风险资产口径进行系统性风险防范。

在系统性风险附加资本监管框架实施的初期，监管部门的慢慢积累监管经验，商业银行并行的风险资产度量方法能发挥较大的作用。如果监管部门已经有能力实现对每一家商业银行提出相应的系统性风险附加资本要求，那么就可以根据商业银行风险溢出的大小计提系统重要性银行附加资本，不会出现如第七章所述的由于梯队的划分出现招商银行成为道德风险节点的问题。

8.1.2 建立银行数据库与信息共享机制

随着我国银行业飞速发展，特别是金融混业大势已成。商业银行作为金融体系的核心，每天经营过程中会产生大量数据，这些数据均直接或间接地关系到银行风险的变化，如何有效地积累和处理海量数据是实现有效系统性风险管理前提，数据的积累也有助于监管部门和商业银行自身发现银行业或者自身的系统性风险触发点。因此，构建银行数据库迫在眉睫。数据库的建立，各商业银行需要抛却门户之见，将自身的业务信息在银行体系间共享，对商业银行的发展有利有弊，也需要银行相关各部门的努力和配合，该项工作的开展可以从以下几方面入手：一是数据挖掘专业人员的培养。银行数据库的建立和日常运行都需要数据处理专业人才，加强参与数据采集工作相关人员在该领域的培训力度，提高银行数据采集工作的效率。二是建立数据采集工作的激励约束机制。数据库的建立可能会暴露出一些商业银行的业务短板和风险状况，以至于被竞争对手操纵，因此，相应的激励和约束机制是必须具备的。商业银行可以通过数据库的渠道了解当前各银行业务发展状况，挖掘自身的盈利增长点，扬长避短，实现多样化的业务模式。另一方面，要提高各级相关工作人员收集客户风险数据的积极性，将数据收集工作纳入到监管考核内容，以提高所收集数据的准确程度和详细程度。此外，监管部门也需要约束银行行为，避免恶意竞争，实现银行间的和谐发展和稳健经营。三是明晰数据传送渠道的各个环节。数据从商业银行最初的收集、上报、整理到入库，需要经过不同部门检验、分析以及加工处理，这样既可以保证所收集数据不因人为原因而出现错误，同时能扩展数据应用范围并提高数据运用的便捷程度。因此在不涉及商业泄密和恶性竞争的前提下，通过行业监管部门统一调配，在一定程度上实现风险数据信息共享，从而在整个行业层面实现数据资源配置的优化。

8.2　拓宽资本补充渠道

本文的系统性风险附加资本计提框架要求系统重要性第一梯队的银行面

临 2.53%，第二梯队的商业银行 0.96% 的资本补充比例，而且这一比例必须由商业银行的普通股构成，但是，在我国按照本文的系统性风险附加资本计提框架，第一梯队系统重要性商业银行的普通股的最低要求是 10.03%，第二梯队的银行普通股最低要求是 8.46%，但是对商业银行整体的资本充足率而言，第一梯队需要在 8% 的基础上，计提 2.5% 储备资本，再计提系统性风险附加资本，资本充足率需要达到 13.03%，第二梯队的商业银行需要达到 11.46%，超出普通股的比例可以由其他一级资本构成，因此，商业银行在规模扩张的同时要积极拓宽资本金补充渠道。

8.2.1　发行一级资本工具

系统性风险附加资本计提对商业银行的普通股提出了更高的要求，普通股融资的成本较高，如果引入包含转股或减记条款的核心资本工具，则可以在很大程度上给出缓冲。比如银行遭遇不可预测的重大资产损失时，这些债务工具可以转入股本，其本金可以参与损失吸收。这意味着银行不用仅仅依赖核心一级资本，风险缓冲能力将更具层次性。因此，需要加速引入新的核心资本工具，其中包括优先股融资和发行其他一级资本债。

第一，优先股融资。优先股是一种混合型证券，股息固定，当公司增长的利润大于约定股息，此时银行利润增加，有助于提高普通股的每股收益。而从银行股东的立场看，优先股是一种可以利用的财务杠杆，可视为一种永久性负债。优先股股东的特别权利就是可优先于普通股股东，以约定的股息分取公司收益，并在公司破产清算时受偿顺序排在次级债之后优先于普通股。优先股可以在银行资产出现非预期性损失消耗核心资本时，以最快的速度补充核心资本，使商业银行得以持续经营。

第二，发行其他一级资本债。其他一级资本债券是一种无到期日的债券，其受偿顺序在次级债之后优先股之前，且发行后当银行发生损失时债券的本金可以减记后用来吸收损失，其中包括次级债、混合资本债等。由于这一类型的资本工具会使债权人面临更大的风险，因此商业银行发行此类资本工具将会比发行普通债券支付更多的风险溢价。

8.2.2 发行二级资本工具

普通股资本的成本高，而且按照系统性风险附加资本计提框架商业银行面临更高的普通股要求，资本充足率要求与普通股要求之间的资本商业银行可以通过发行二级资本工具来满足。银监会曾发布《关于商业银行资本工具创新的指导意见》，正式推出资本工具创新的配套规范，并特别强调资本必须具有"吸收损失"的功能，即资本工具必须有"可转股"或"可减记"条款。

第一，发行可转股二级资本债券。可转股二级资本债券正常情况下与普通可转换债券没有区别，特殊之处在于普通可转换债券的转股权利在投资者手中，而可转股二级资本债券的转股权利在发行人手中，当触发事件发生时该证券可以立即转为普通股。可转股二级资本债券是商业银行可以在其资本充足率低于约定数值或无法持续经营时，转换为普通股的资本工具，转股后将使债券的持有者无法继续获得稳定的收益，因此商业银行发行此工具需要支付更多的溢价。

第二，发行可减记二级资本债券。正常情况下与普通次级债券没有区别，特殊之处在于可减记二级资本债券包含有减记条款。当银监会认定若不进行减记或不提供支持该银行将无法生存时，该债券将会减记以吸收损失。而可减记二级资本债券与可转股二级资本债券的区别在于前者将使债权持有人的本金遭受损失，而后者将使得债券持有人转变为普通股股东。

就目前而言，大部分的上市银行，包括工商银行、中国银行、平安银行等都已经发行这一类型的二级资本工具，但是面临严峻的国内形势，这一进程需要加快推进。

8.3 优化银行内部风险管理环境

系统性风险附加资本计提框架的实施要求商业银行根据自身的风险溢出来计提系统重要性银行附加资本,如此,商业银行实施监管套利的手段将不再适用,同时,系统重要性银行附加资本的计提会对商业银行带来一定的资本补充压力,这也要求商业银行考虑系统性风险附加资本计提的基础上在银行内部实现精细的风险管理模式。商业银行从宏观审慎的视角出发进行内部风险管理,降低自身的风险溢出效应,那么银行所需计提的系统重要性银行附加资本比例降低,银行系统重要性的等级的降低,意味着监管部门对该银行的一些严格的监管措施将有所降低。银行在经营上也能有更多的自由。因此,商业银行内部的风险管理需要转变视角,强调宏观审慎,同时健全报告和审批的流程,把握交叉风险和产业链的信用风险。

8.3.1 从宏观审慎视角强化内部风险管理

系统重要性银行附加资本要求的确定以及系统重要性银行的评估对商业银行来说更多的是约束,监管部门要求其提高抵御冲击的资本壁垒,降低经营失败对整体体系乃至实体经济的影响。在系统重要性银行附加资本计提比例确定的过程中,对系统重要性银行进行分类,分类后再根据梯队中商业银行的风险加权资产状况来确定系统重要性银行附加资本计提的比例。以第二梯队的商业银行为例,该比例的确定方法对于第二梯队中排名前列的商业银行而言并不能充分覆盖其风险溢出,而对排名靠后的商业银行则超出了其实际的风险溢出水平。监管的便利性要求虽然同样保证了整体体系的稳健,但并不能达到所有商业银行资本节约的目的,所以对商业银行而言,最好的办法是根据自身的风险状况计提资本减小自身对于银行体系的风险溢出。从监管到自律性管理的改变需要商业银行转变审慎管理的视角，特别对于上市商业银行来说，要从微观审慎的角度转变为宏观审慎角度来进行内部风险管理。

银行继续实施精细化的经济资本管理，但是从宏观视角出发，特别需要关注交叉风险与产业链风险，以及商业银行资产同质性可能带来的风险，可以从以下几个方面出发：一是降低银行风险偏好，风险偏好决定了一家商业银行风险管理基调。银行实施内部评价法是根据单因子模型来测算资本，在这一过程中，银行降低风险偏好意味着商业银行提高置信度水平，从原有的99.9%的置信度提高到99.99%，这样虽然在同样的资产风险水平下计提更多的资本，降低了银行的资本收益率以及RAROC水平，但是银行通过这一方式，降低自身对于银行体系的风险溢出，在这一情况下，商业银行通过宏观审慎的风险管理手段使资本不需要面临更高的系统重要性要求及其他针对系统重要性银行的监管措施，获得更多的自由发展空间。另一方面，在银行风险管理的过程中，注重交叉风险的管理。从内部评级法与系统性风险的关系中，由于内部评级法并没有考虑到各种风险间的关联性一定程度上导致了系统性风险的累积，因此，在宏观审慎视角下的银行内部风险管理要关注交叉风险。随着金融混业的推进，我国银行、证券和保险业务创新步伐的加快，一些跨越货币市场、资本市场、保险市场等多个市场和银行、证券、保险、信托等多个行业的金融产品不断推出，带来了跨市场、跨行业的交叉性金融风险。经济新常态催生金融新常态，地方的债权债务危机也可能因此而爆发，银行的混业经营、利率市场化使得银行整体风险都会上升，信用风险与市场风险之间的关联性提高，风险之间相互影响，相互交织，共同演绎系统性风险，这使得系统性风险触发点更为突显。因此，关注交叉风险显得非常重要。

8.3.2　健全关联性业务的报告和审批流程

《巴塞尔协议Ⅱ》内部评级法并没有将同类型资产之间的相关性考虑在

内,而业务的关联性对系统性风险具有放大作用。特别是在我国目前产能过剩的现实背景下,产业链上下游企业的经营失败将导致信贷主体的违约,因此关注行业之间的关联性是银行内部风险管理的另一内容。信贷发放的流程包括信贷调查,贷款审批和贷后管理三个方面。对于关联性业务的风险也需要从这三个方面出发。

在信贷调查方面环节不仅要对企业提供的财务报表及经营范围的相关证明进行简单的分析,还要对企业所属行业状况进行系统分析,除此之外,对企业所属行业的上下游行业的信用状况也需要进行分析。上游行业企业的违约导致信贷主体不能得到生产原材料等,下游行业企业的违约信贷主体将不能及时获得周转资金,因此,调查上下游行业的信用状况特别是其交易对手的信用状况显得尤为重要。在贷款审查审批环节不能流于形式,只关注信贷主体的风险以及抵押品的状况。在贷前调查的基础上,贷款审查环节需要对目前已发放的同行业的信贷发放的回收情况进行综合分析,同时也要关注上下游行业信贷发放的回收状况,对信贷主体所提供的资料中的相关交易主体的信用和财务状况进行抽样调查,减弱相关行业企业信用不良状况对该信贷带来的损失可能性。在贷后管理环节不仅要考察贷款用途是否合法合规,同样还要关注同行业和上下游行业的信用变化,及时发布风险预警信号。可以采取一些方法简化信贷过程,将上下游企业的信贷主体信息进行统一管理,建立相关风险指标数据库,以便时时跟进,及时防范关联性业务所带来的风险。

8.4　建立公平透明的市场环境

系统性风险附加资本计提框架采用的是公开市场数据、相关的财务数据以及信用评级数据,特别是系统重要性银行附加资本的计提以及系统性风险附加资本监管反馈机制对于数据的敏感性强,因此,监管部门应当建立良好的银行业内部环境以外,确保真实可靠以外,还需要优化银行业发展的外部环境,特别是要建立公正透明的市场环境,可以从股市环境和监管环境两个方面来完善。

8.4.1 规范股市环境

差异化系统性风险附加资本计提监管框架的三个部分,系统重要性银行附加资本的计提、逆周期资本的计提、系统性风险附加资本计提的反馈都依赖股票市场数据,而股票市场数据对于各种因素的敏感性很高,因为股票数据的公开透明,本文选用这些相对真实的数据作为银行业系统性风险研究的基础,然而也正因为股票市场数据的敏感性,如果股市中存在严重的歧视政策,市场参与者不平等,市场价格受内幕交易控制,那么股票数据就不能很好地反映上市银行自身的风险状况,内在的传导机制不能反映银行的真实情况,这对测算结果也会造成影响。建立一个公正、公平、公开的股票市场,规范市场行为,从不规范到规范需要全社会的共同参与和努力,因此,相关部门人员一方面要规范和约束自身的行为,另一方面,制定科学的交易规范,引导市场,确保股票市场是有效的。

股市是市场经济的"晴雨表",是最快、最全面反映市场竞争、市场变化和企业走势的场所。采用股市数据正好可以利用它快捷、全面、反映未来银行走势的特性实现系统性风险的监管。它的管理,当然应该是最适合市场经济发展的方式。但在中国的具体情况下,本来是最具市场经济特征的市场,却用最典型的计划经济管理方式。政府主管部门的行政干预对股市和上市公司的影响还相当大。因此放开行政干预降低政府对于股市的影响是保障股市数据有效性的重点工作之一。另一方面,加快银行和金融体制的改革。金融和银行业的经营主体,至今仍几乎是国有资本的一统天下,这是与市场经济进一步发展所不适应的。逐步开放金融领域,允许各类资本进入银行和金融机构,盘活资金,使得银行股票交易情况能真实反映银行的经营状况。

8.4.2 营造和谐的监管环境

首先，对于银行内部，监管部门可以要求我国银行管理者应全面加强银行内部风险管理文化的建设，对各类型或各分支行业务进行精细化的风险管理，将每一笔数据落实到位，尽量减少错漏发生。强化银行各级部门的风险意识，重视风险管控职能在整个银行内部的重要性，提高银行不同职能部门的风险意识。

其次，监管部门与银行管理层紧密合作，努力实现无缝衔接。监管部门应当引导各商业银行的宏观审慎意识，同时对于积极配合开展系统性风险防范相关工作的商业银行给予差异化的政策支持，对于不配合，或者经检查发现具有恶意竞争的银行要给予警告和惩罚。另一方面，监管工作也要透明和公正，每一部分的资本计提都有理可依，每一次支持或者惩罚都有据可循，坚守监管底线，对于跨过监管红线的商业银行严惩不贷。这就要求监管规范化，执行标准化和流程化。

最后，严格信息披露，以及加快各种操作的规范化。从目前银行业监管现状看，我国的监管力度较其他国家更为严格，但是由于银行发展两极分化的制约，导致金融监管的一些手段失灵现象的发生。改制后的农村合作社、民营银行的监管目前尚属空白，随着利率市场化和互联网金融的发展，这些银行可能会成为新的系统性风险触发点。但是，这不是说，在现有发展现状下就不可能在规范管理上无所作为。对于所有的商业银行都要严格信息披露，加快商业银行市场操作的透明化、公开化进程。使现有银行监管更规范，同时加快填补监管缺失的部分，就目前而言，严格的信息披露是必要的，也是需要不断完善的。

结　　论

本书以《巴塞尔协议Ⅲ》提出并且我国推出《资本管理办法》为背景，立足于中国的防范系统性风险的现实情况，研究基于系统性风险防范的商业银行资本计提机制。主要研究结论如下：

1. 《巴塞尔协议Ⅲ》宏观审慎资本监管工具具有不同的功能定位。在总结了系统性风险的内在形成机理的基础上，从内部评级法的角度对《巴塞尔协议Ⅲ》中的宏观审慎资本监管工具的着力点，杠杆率应对的是模型风险，留存超额资本要求应对的是经济下行期内部模型低估资产违约率的风险，而从逆周期资本要求和系统重要性附加资本要求的作用机理上看，虽然两者都针对系统性风险，但是两者的视角有区别，逆周期资本针对的是银行体系外部的信贷发放，而系统重要性银行附加资本要求针对的是银行业务间的关联性特征。

2. 《巴塞尔协议Ⅲ》系统性风险附加资本计提机制存在不足，并且与微观审慎管理的核心经济资本之间的存在需要协调的问题。《巴塞尔协议Ⅲ》将金融体系视为整体，认为风险是内生的，对商业银行提出了更高的、弹性化的资本管理要求，在《巴塞尔协议Ⅲ》的框架下，商业银行采用较为激进的经济资本管理策略将会削弱系统性风险附加资本计提的作用。系统重要性银行附加资本计提框架主要表现出两个方面的不足，一是系统重要性银行附加资本要求没有体现出空间维度的系统性风险大小，另一则是1%是否足以应对银行关联性。逆周期资本计提框架的不足主要包括逆周期资本计提参考指标的适用性问题，以及逆周期资本针对银行业整体，"一刀切"并不能识别恶意竞争两方面。

3. 商业银行对银行体系的系统性风险贡献存在较大的差异。系统性风险贡献是系统重要性银行附加资本计提的前提。用 Copula 函数拟合各商业银行收益率序列与商业银行指数收益率序列间的相依结构，然后再通过 monte carlo 模拟得到符合相应相依结构的累积概率，读取相应商业银行指数收益率序列分位点下的 CoVaR 值。结果发现各银行之间的风险溢出效应存在较大的差别，同时也出现平安银行比工商银行风险溢出效应更大的结果。

4. 商业银行资本充足水平对风险溢出有较大的影响。根据《巴塞尔协议 Ⅲ》所提额外资本对风险溢出的吸收作用，各商业银行资本水平的不同是导致系统性风险贡献的度量结果的差异重要原因。通过控制相同的风险溢出水平来对银行的资本充足水平进行评估，进而得到各商业银行的系统重要性，五大国有商业银行排在前列，其他股份制商业银行也存在风险溢出，溢出程度比国有商业银行小。

5. 监管容忍度对商业银行的风险溢出效应影响较大，但对商业银行系统重要性的影响小。监管容忍度从 5% 到 2.5% 再到 1% 的过程中，风险溢出效应不断增大，所需的资本充足水平也随之提高。同时，不同监管容忍度下各商业银行系统重要性排序中，各商业银行的系统重要性排序几乎没有发生变化，仅有招商银行、光大银行和中信银行的系统重要性发生了变化。

6. 信贷波动适宜作为逆周期资本计提的参考指标。从自上而下视角量商业经济资本的方法采用信用评级和上市商业银行的资产负债等公开、透明数据对商业银行的资产风险进行度量，得到各上市商业银行经济资本。在测算出各商业银行经济资本的基础上，对商业银行资产风险的周期性特征进行实证分析。结果表明，商业银行的资产风险随 GDP 增长率和信贷/GDP 波动的变化是不显著的，随着信贷波动的影响才显著，而且信贷的小波动将给银行带来极大的风险。因此，可以将信贷波动指标作为逆周期资本计提的参考指标。

7. 基于改进 KMV 模型所测算的资本监管合规率能作为系统性风险附加

资本计提的反馈指标。系统性风险附加资本监管框架的提出，监管部门就必须构建相应的监管反馈机制，用以考察各商业银行资本是否可以达到监管要求。通过改进用于测算企业违约率的 KMV 模型，并将核心一级资本监管要求引入到模型中，用改进的模型测算商业银行的资本监管合规率。该模型采用商业银行的公开市场数据以及财务报表中的数据，不仅可以反映商业银行资产价值的变化，也能反映其资产风险的大小。

因时间关系和学识水平的限制，本研究还有待进一步深入：

本书旨在为监管部门提供一个较为公开透明的系统性风险附加资本监管框架，在条件允许的情况下，可对监管容忍度对系统性风险附加资本计提的影响机理进行更深入的研究。同时，宏观审慎资本工具之间的相互作用机制也值得在以后的工作生活中作进一步研究。

参考文献

[1] 包全永. 银行系统性风险的传染模型研究. 金融研究, 2005, (8): 72-84.

[2] 张晓朴. 系统性金融风险研究: 演进、成因与监管. 国际金融研究, 2010, (7): 58-67.

[3] 周小川. 宏观审慎政策是针对系统性风险的良药. 金融时报, 2010-10-22.

[4] 夏斌. 宏观审慎管理: 框架及其完善. 中国金融, 2010, (22): 28-30.

[5] 李文泓. 银行业宏观审慎监管: 思路和政策框架. 中国金融, 2010, (13): 38-40.

[6] 巴曙松, 王璟怡, 杜婧. 从微观审慎到宏观审慎 危机下的银行监管启示. 国际金融研究, 2010, (5): 83-89.

[7] 周小川. 金融政策对金融危机的响应——宏观审慎政策框架的形成背景、内在逻辑和主要内容. 金融研究, 2011, (1): 1-14.

[8] 王辉. 次贷危机后系统性金融风险测度研究述评. 经济学动态, 2011, (11): 119-123.

[9] 马君潞, 范小云, 曹元涛. 中国银行间市场双边传染的风险估测及其系统性特征分析. 经济研究, 2007, (1): 68-78+142.

[10] 刘春航, 朱元倩. 银行业系统性风险度量框架的研究. 金融研究, 2011, 12: 85-99.

[11] 肖璞，刘轶，杨苏梅. 相互关联性、风险溢出与系统重要性银行识别. 金融研究，2012，(12)：96-106.

[12] 宫晓琳. 未定权益分析方法与中国宏观金融风险的测度分析. 经济研究，2012，03：76-87.

[13] 吴恒煜，胡锡亮，吕江林. 我国银行业系统性风险研究——基于拓展的未定权益分析法. 国际金融研究，2013，07：85-96.

[14] 李文泓. 关于宏观审慎监管框架下逆周期政策的探讨. 金融研究，2009，07：7-24.

[15] 张健华，贾彦东. 宏观审慎政策的理论与实践进展. 金融研究，2012，01：20-35.

[16] 李妍. 宏观审慎监管与金融稳定. 金融研究，2009，(8)：52-60.

[17] 李妍. 金融监管制度、金融机构行为与金融稳定. 金融研究，2010，(9)：198-206.

[18] 彭建刚. 基于系统性金融风险防范的银行业监管制度改革的战略思考. 财经理论与实践，2011，32(1)：2-6.

[19] 马红霞，孙雪芬. 关于金融危机与货币政策关系的学术争论. 经济学动态，2010，(8)：119-124.

[20] 张维. 论系统性金融风险控险机制的建设. 管理世界，2005，06：149-150.

[21] 李文泓，罗猛. 巴塞尔委员会逆周期资本框架在我国银行业的实证分析. 国际金融研究，2011，(6)：81-87.

[22] 田宝，周荣. 巴塞尔逆周期资本缓冲机制在中国的适用性研究. 金融监管研究，2012，(10)：31-47.

[23] 杨柳，李力，韩梦瑶. 逆周期资本缓冲机制在中国金融体系应用的实证研究. 国际金融研究，2012，(5)：34-40.

[24] 谢平，邹传伟. 金融危机后有关金融监管改革的理论综述. 金融研

究,2010,(2):1-17.

[25] 黄聪,贾彦东. 金融网络视角下的宏观审慎管理——基于银行间支付结算数据的实证分析. 金融研究,2010,(4):1-14.

[26] 范小云,王道平. 巴塞尔Ⅲ在监管理论与框架上的改进:微观与宏观审慎有机结合. 国际金融研究,2012,(1):63-71.

[27] 谢平,邹传伟. 银行业宏观审慎监管研究的新思路. 金融监管研究,2013,(8):1-20.

[28] 彭建刚,吕志华. 论我国金融业宏观审慎管理制度研究的基本框架. 财经理论与实践,2012,(1):2-7.

[29] 马勇,陈雨露. 宏观审慎政策的协调与搭配:基于中国的模拟分析. 金融研究,2013,(8):57-69.

[30] 王爱俭,王璟怡. 宏观审慎政策效应及其与货币政策关系研究. 经济研究,2014,(4):17-31.

[31] 高国华. 逆周期资本监管框架下的宏观系统性风险度量与风险识别研究. 国际金融研究,2013,(3):30-40.

[32] 彭建刚,马亚芳. 基于系统整体性的商业银行系统重要性评估方法. 财经理论与实践,2013,34(6):2-7.

[33] 黄金老. 论金融脆弱性. 金融研究,2001,(3):41-49.

[34] 李文泓,罗猛. 关于我国商业银行资本充足率顺周期性的实证研究. 金融研究,2010(2):147-157.

[35] 杨继光,刘海龙. 商业银行组合信用风险经济资本测度方法研究. 金融研究,2009,04:143-158.

[36] 魏国雄. 系统性金融风险的识别与防范. 金融论坛,2010,12:5-10.

[37] 黄海波,汪翀,汪晶. 杠杆率新规对商业银行行为的影响研究. 国际金融研究,2012,(7):68-74.

[38] 巴曙松,高江健. 基于指标法评估中国系统重要性银行. 财经问题

研究, 2012, (9): 48 - 56.

[39] 吴世农, 卢贤义. 我国上市公司财务困境的预测模型研究. 经济研究, 2001, (6): 46 - 55.

[40] 彭建刚, 屠海波, 何婧, 周颖辉. 有序多分类 Logistic 模型在违约率测算中的应用. 财经理论与实践, 2009, 30 (4): 2 - 7.

[41] 石晓军, 任若恩, 肖远文. 边界 Logistic 违约率模型及实证研究, 管理科学学报, 2007, 10 (3): 44 - 51.

[42] 李秉祥. 基于期望违约率模型的上市公司财务困境预警模型. 中国管理科学, 2004, 12 (5): 12 - 16.

[43] 迟国泰, 曹勇, 党均章. 基于最优负债系数的上市银行违约率测算模型与实证. 运筹与管理, 2012, 21 (3): 176 - 186.

[44] 石晓军, 陈殿左. 债券结构、波动率与信用风险——对中国上市公司的实证研究. 财经研究, 2004, 30 (9): 24 - 32.

[45] Basel Committee on Banking Supervision. Basel Ⅲ: A Global Regulatory Framework for More Resilient Banks and Banking Systems, 2010. Www. Bis. Org/Publ/Bcbs189_Dec2010. Pdf.

[46] FSB. Guidance To Assess The Systemic Importance of Financial Institutions, Markets and Instruments: Initial Considerations. Report To G20 Finance Ministers and Governors, 2009.

[47] Dow J. What Is Systemic Risk?: Moral Hazard, Initial Shocks and Propagation. Institute for Monetary and Economic Studies, Bank of Japan, 2000.

[48] Kaufman G G, Scott K E. What Is Systemic Risk, and Do Bank Regulators Retard Or Contribute To It?. Independent Review, 2003, 7 (3): 371 - 391.

[49] Hart O., Zingales L. How to Avoid A New Financial Crisis. Working Paper, 2009.

[50] Segoviano M A, Goodhart C. Banking Stability Measures. IMF Working

Paper, 2009.

[51] BIS. Recent Innovations In International Banking. Prepared By A Study Group Established By The Central Banks of The Group of Ten Countries, 1986.

[52] Crockett A. Marrying The Micro - and Macro Prudential Dimensions of Financial Stability. BIS Speeches, 2000.

[53] Borio C. Towards A Macro Prudential Framework for Financial Supervision and Regulation? . BIS Working Paper, 2003.

[54] White W R. Making Macro Prudential Concerns Operational. In Proceedings of Financial Stability Symposium Organized By The Netherlands Bank, 2004.

[55] Borio C and M Drehmann. Towards An Operational Framework for Financial Stability: Fuzzy Measurement and Its Consequences. BIS Working Papers, No. 284, 2009.

[56] Brunnermeier, M. , A. Crockett, C. A. E. Goodhart, A. D. Persaud, and H. Shin. The Fundamental Principles of Financial Regulation . Geneva Report on The World Economy, 2009.

[57] BIS. BIS Annual Report 2010. Http: //Www. Bis. Org/Publ/Arpdf/Ar2010e. Pdf.

[58] Caruana J. Systemic Risk: How to Deal With It? . BIS, 2010.

[59] Kaminsky G L, Lizondo S and Reinhart C M. Leading Indicators of Currency Crises, Imf Staff Paper, 1998.

[60] Frankel J A, Rose A K. Currency Crashes In Emerging Markets: An Empirical Treatment. Journal of International Economics, 1996, 41 (3): 351 - 366.

[61] Borio C. Implementing The Macroprudential Approach to Financial Regulation and Supervision. Financial Stability Review, 2009 (13): 31 - 41.

[62] International Monetary Fund. Global Financial Stability Report: Responding to The Financial Crisis and Measuring Systemic Risks. World Economic and Fi-

nancial Surveys, 2009.

[63] Pascual A G, Li J. A New Risk Indicator and Stress Testing Tool: A Multifactor Nth – To – Default Cds Basket. International Monetary Fund, 2006.

[64] Inui K, Kijima M, Kitano A. Var Is Subject to A Significant Positive Bias. Statistics & Probability Letters, 2005, 72 (4): 299 – 311.

[65] Yamai Y, Yoshiba T. Value – At – Risk Versus Expected Shortfall: A Practical Perspective. Journal of Banking & Finance, 2005, 29 (4): 997 – 1015.

[66] Adrian T, Brunnermeier M K. Covar. National Bureau of Economic Research, 2011.

[67] Brownlees C, Engle R. Volatility, Correlation and Tails for Systemic Risk Measurement. Working Paper, New York University Stern School of Business, 2010.

[68] Gray D F, Merton R C, Bodie Z. New Framework for Measuring and Managing Macrofinancial Risk and Financial Stability. National Bureau of Economic Research, 2007.

[69] Basel Committee on Banking Supervision. Basel Ⅲ: International Framework for Liquidity Risk Measurement, Standards and Monitoring, 2010. Www. Bis. Org/Pub /Bcbs188. Pdf.

[70] Suarez J, Repullo R. The Procyclical Effects of Bank Capital Regulation. CEMFI Working Paper, 2009.

[71] Repullo R, Saurina J. The Countercyclical Capital Buffer of Basel Ⅲ: A Critical Assessment. CEPR Discussion Papers, 2011.

[72] Drehmann M, Borio C, Gambacorta L, Et Al. Countercyclical Capital Buffers: Exploring Options. BIS Working Paper 317, 2010.

[73] Basel Committee on Banking Supervision. Countercyclical Capital Buffer Proposal. 2010. Http: //Www. Bis. Org/Publ/Bcbs172. Pdf.

[74] Jorion P. Value At Risk: The New Benchmark for Managing Financial

Risk. Mcgraw – Hill Companies, 2007.

[75] Taylor J. Defining Systemic Risk Operationally, In Ending Government Bailouts As We Know Them. Hoover Press, 2010.

[76] Kamgnz S Y., Tinang N J., Tsombou, K C. Macroprudentials Indicators for CEMAC Banking System, MPRA Working Paper, 2009.

[77] Bernanke B S. Financial Regulation and Supervision After The Crisis: The Role of The Federal Reserve, The Federal Reserve Bank of Boston's 54th Economic Conference, 2009.

[78] Knight M D. Marrying The Micro – and Macroprudential Dimensions of Financial Stability: Six Years On. BIS Management Speeches, 2006.

[79] Brouwer H J. Macro Prudential Supervision: From Concept to Practice, 2009.

[80] Unsal D F. Capital Flows and Financial Stability: Monetary Policy and Macroprudential Responses. IMF Working Paper, 2011.

[81] Suh Hyunduk. Macroprudential Policy: Its Effects and Relationship to Monetary Policy. FRB of Philadelphia Working Paper, 2012.

[82] Beau D., Clerc L., Mojon B. Macro – Prudential Policy and The Conduct of Monetary Policy, Banque De France Working Paper, 2012.

[83] Paolo A., Stefano N., Fabio P. Monetary and Macroprudential Policies, ECB Working Paper, 2012.

[84] Paolo A., Sergio N A., Ignazio V. Macroprudential, Microprudential and Monetary Policies: Conflicts, Complementarities and Trade – Offs. Bank of Italy Occasional Paper, 2012.

[85] Bernanke B., Parkinson M.. Unemployment, Inflation, and Wages In The American Depression: Are There Lessons for Europe?. American Economic Review, 1989, 79 (2): 210 – 214.

[86] FSA. The Turner Review: A Regulatory Response to The Global Banking

Crisis. Http: //Www. Fsa. Gov. Uk/Pubs/Other/Turner_Review. Pdf. 2009.

[87] Borio C. , Furfine C. , Lowe P. Procyclicality of The Financial System and Financial Stability: Issues and Policy Options. BIS Working Paper, 2001.

[88] IMF. Financial Stress and Deleveraging: Macro - Financial Implications and Policy. Global Financial Stability Report, 2008.

[89] G20. Enhancing Sound Regulation and Strengthening Transparency. G20 Working Paper, 2009.

[90] IMF. Lessons of the Financial Crisis for Future Regulation of Financial Institutions and Markets and for Liquidity Management. Prepared By the Monetary and Capital Markets Department, 2009.

[91] LarosiÈRe D J. the High - Level Group on Financial Supervision in the EU. Brussels, 2009.

[92] Goodhart C A E. The Regulatory Response to the Financial Crisis. Journal of Financial Stability, 2008, 4 (4): 351 - 358.

[93] Elsinger H. , Lehar A. , Matin S. Risk Assessment for Banking Systems. Management Science, 52 (9): 1301 - 1314.

[94] Chakravorti S. Externalities in Payment Card Networks: Theory and Evidence. Federal Reserve Bank of Chicago Working Paper, 2009.

[95] Saporta V. The Role of Macrodential Policy. Bank of England Discussion Paper, 2009.

[96] Acharya V V. , Richardson M P. Causes of the Financial Crisis. Critical Review, 2009, 21 (2 - 3): 195 - 210.

[97] Edge R M. , Meisenzahl R R. The Unreliability of Credit - To - GDP Ratio Gaps in Real - Time: Implications for Countercyclical Capital Buffers. Federal Reserve Board Finance and Economics Discussion Paper, 2011.

[98] Repullo R. , Saurina J. The Countercyclical Capital Buffer of Basel Ⅲ: A Critical Assessment. CEPR Discussion Papers 8304, 2011.

[99] Mistrulli P E. Assessing Financial Contagion in the Interbank Market: Maximum Entropy Versus Observed Interbank Lending Patterns. Journal of Banking and Finance, 2011, 35 (5): 1114 – 1127.

[100] Zhou C. Are Banks Too Big to Fail? Measuring Systemic Importance of Financial Institutions. International Journal of Central Banking, 2010 (12): 205 – 250.

[101] Kregel J A. Margins of Safety and Weight of the Argument in Generating Financial Fragility. Journal of Economic Issues, 1997: 543 – 548.

[102] Eisenbeis R A. What We Have Learned and Not Learned From the Current Crisis About Financial Reform. Australian Economic Review, 2009, 42 (4): 457 – 469.

[103] Taylor J B. the Financial Crisis and the Policy Responses: An Empirical Analysis of What Went Wrong. National Bureau of Economic Research, 2009.

[104] BCBS. Basel Ⅱ: International Convergence of Capital Measurement and Capital Standards: A Revised Framework, 2006. Http://Www. Bis. Org/Publ/Bcbs128. Pdf.

[105] Repullo R, Suarez J. The Procyclical Effects of Bank Capital Regulation. Review of Financial Studies, 2013, 26 (2): 452 – 490.

[106] FSF. Report of the Financial Stability Forum on Addressing Procyclicality in the Financial System. Financial Stability Forum, 2009.

[107] G. Schroeck. Risk Management and Value Creation in Financial Institutions. John Wily & Sons, 2002.

[108] Westgaard S., Wijst N. Default Probabilities in A Corporate Bank Portfolio: A Logistic Model Approach. European Journal of Operational Research, 2001, 135 (2): 338 – 349.

[109] Crosbie P, Bohn J. Modeling Default Risk. Technical Document, Moody's KMV, 2002.

[110] Leland H. Predictions of Default Probabilities in Structural Models of Debt. Working Paper, Haas School of Business, University of California, Berkeley, 2004.

[111] Tudela M, Young G. A Merton – Model Approach to Assessing the Default Risk of UK Companies. Bank of England Working Paper, 2003.

[112] Vassalou M., Xing Y H. Default Risk in Equity Returns. The Journal of Finance, 2004, 59 (2): 831 – 868.

[113] Yeh C C, Lin F Y, Hsu C Y. A Hybrid KMV Model, Random Forests and Rough Set Theory Approach for Credit Rating. Knowledge – Based System, 2012, 33 (9): 166 – 172.

附录 A Copula – CoVaR 模型 matlab 程序

```
P = ;
x = P(:,1);
y = P(:,2);
% ********** 绘制频率直方图 ***********
% 调用 ecdf 函数和 ecdfhist 函数绘制某商业银行、商业银行指数收益率的频率直方图
 = ecdf(x);
figure;
ecdfhist(fx,xsort,50);
xlabel('工商银行日收益率');% X 轴加标签
ylabel('f(x)');% Y 轴加标签
 = ecdf(y);
figure;
ecdfhist(fy,ysort,50);
xlabel('商业银行指数日收益率');% X 轴加标签
ylabel('f(y)');% Y 轴加标签
% ********** 计算偏度和峰度 **********
% 计算 X 和 Y 的偏度
xs = skewness(x);
```

附录 A　Copula-CoVaR 模型 matlab 程序

```
ys = skewness(y);
% 计算 X 和 Y 的峰度
xk = kurtosis(x);
yk = kurtosis(y);
% ********** 序列的正态性检验 **********
% 分别条用 jbtest、kstest 和 lillietest 函数对 X 进行正态性检验
 = jbtest(x);% Jarque-Bera 检验
 = kstest(x,);% Kolmogorov-Smirnov 检验
 = lillietest(x);% Lilliefors 检验
% 分别条用 jbtest、kstest 和 lillietest 函数对 Y 进行正态性检验
 = jbtest(y);% Jarque-Bera 检验
 = kstest(y,);% Kolmogorov-Smirnov 检验
 = lillietest(y);% Lilliefors 检验
% ********** 求经验分布函数值 **********
% 调用 ecdf 函数求 X 和 Y 的经验分布函数
 = ecdf(x);
 = ecdf(y);
% 调用 spline 函数,利用样条插值法求原始样本点出的经验分布函数值
U1 = spline(xsort(2:end),fx(2:end),x);
V1 = spline(ysort(2:end),fy(2:end),y);
% 调用 ecdf 函数求 X 和 Y 的经验分布函数
 = ecdf(x);
 = ecdf(y);
% 通过排序和反排序恢复原始样本点出的经验分布函数值
 = sort(xsort);
 = sort(id1);
u1 = fx(id1);
```

= sort(ysort);

= sort(id2);

v1 = fy(id2);

% 调用 ksdensity 函数分别计算原始样本 x 和 y 的核分布估计值

u2 = ksdensity(xsort,xsort,'function','cdf');

v2 = ksdensity(ysort,ysort,'function','cdf');

% ********** 绘制经验分布函数图和核分布估计图 ************

= sort(xsort);% 对 x 进行排序

figure;

plot(xsort,u1(id),'c','LineWidth',5);% 绘制 x 的日收益率经验分布函数图

hold on

plot(xsort,u2(id),'k - .','LineWidth',2);% 绘制 x 的日收益率核分布估计图

legend('经验分布函数','核分布估计','Location','NorthWest');% 加标注框

xlabel('商业银行指数收益率');% 为 X 轴加标签

ylabel('F(x)');% 为 Y 轴加标签

= sort(ysort);% 对 x 进行排序

figure;

plot(ysort,v1(id),'c','LineWidth',5);% 绘制 x 的日收益率经验分布函数图

hold on

plot(ysort,v2(id),'k - .','LineWidth',2);% 绘制 x 的日收益率核分布估计图

legend('经验分布函数','核分布估计','Location','NorthWest');% 加标注框

xlabel('某银行收益率');% 为 X 轴加标签

ylabel('F(y)');% 为 Y 轴加标签

附录 A Copula – CoVaR 模型 matlab 程序

```matlab
% ********************* 绘制二元频数直方图 ********************
% 调用 ksdensity 函数分别计算原始样本 X 和 Y 处的核分布估计值
U = ksdensity(x,x,'function','cdf');
V = ksdensity(y,y,'function','cdf');
figure;
hist3( , )
xlabel('商业银行整体');
ylabel('某商业银行');
zlabel('频数');
% ******************** 求 Copula 中参数的估计值 ********************
% 调用 Copula 函数估计二元正态 Copula 中的线性相关参数
rho_norm = copulafit('Gaussian', )
% 调用 Copula 函数估计二元 t – Copula 中的线性相关参数和自由度
 = copulafit('t', )
paramhat1 = copulafit('Gumbel', )
paramhat2 = copulafit('Clayton', )
paramhat3 = copulafit('Frank', )
% ******************** 绘制 Copula 的密度函数和分布函数图 **********
 = meshgrid(linspace(0,1,31));% 为绘图需要,产生新的网格数据
% 调用 copulapdf 函数计算网格点上的二元正态 Copula 密度函数值
Cpdf_norm = copulapdf('Gaussian', ,rho_norm);
% 调用 copulapdf 函数计算网格点上的二元正态 Copula 分布函数值
Ccdf_norm = copulacdf('Gaussian', ,rho_norm);
% 调用 copulapdf 函数计算网格点上的二元 t – Copula 密度函数值
```

```
Cpdf_t = copulapdf('t',,rho_t,nuhat);
% 调用copulapdf函数计算网格点上的二元t-Copula分布函数值
Ccdf_t = copulacdf('t',,rho_t,nuhat);
Cpdf_gumbel = copulapdf('Gumbel',,paramhat1);
Ccdf_gumbel = copulacdf('Gumbel',,paramhat1);
Cpdf_clayton = copulapdf('Clayton',,paramhat2);
Ccdf_clayton = copulacdf('Clayton',,paramhat2);
Cpdf_frank = copulapdf('Frank',,paramhat3);
Ccdf_frank = copulacdf('Frank',,paramhat3);
% 绘制二元正态Copula的密度函数图
figure;
surf(Udata,Vdata,reshape(Cpdf_norm,size(Udata)));% 绘制二元正态Copula密度函数图
xlabel('工商银行收益率');
ylabel('商业银行指数收益');
zlabel('频数');
figure;
% 绘制二元t-Copula的密度函数图
figure;
surf(Udata,Vdata,reshape(Cpdf_t,size(Udata)));% 绘制二元t-Copula密度函数图
xlabel('工商银行收益率');
ylabel('商业银行指数收益率');
zlabel('频数');
% ********求kendall秩相关系数和spearman秩相关系数************
% 调用copulastat函数求二元正态Copula对应的Kendall秩相关系数
Kendall_norm = copulastat('Gaussian',rho_norm);
```

% 调用 copulastat 函数求二元正态 Copula 对应的 spearman 秩相关系数
Spearman_norm = copulastat('Gaussian',rho_norm,'type','Spearman');
% 调用 copulastat 函数求二元 t – Copula 对应的 Kendall 秩相关系数
Kendall_t = copulastat('t',rho_t,nuhat);
% 调用 copulastat 函数求二元 t – Copula 对应的 spearman 秩相关系数
Spearman_t = copulastat('t',rho_t,nuhat,'type','Spearman');
% 直接根据原始日收益率数据,调用 corr 函数求 Kendall 秩相关系数
Kendall = corr(,'type','Kendall');
% 直接根据原始日收益率数据,调用 corr 函数求 Spearman 秩相关系数
Spearman = corr(,'type','Spearman');
% ****************** 模型评价 *********************
% 调用 ecdf 函数求 x 和 y 的经验分布函数
 = ecdf(x);
 = ecdf(y);
% 调用 spline 函数,利用样条插值法求原始样本点处的经验分布函数值
U1 = spline(xsort(2:end),fx(2:end),x);
V1 = spline(ysort(2:end),fy(2:end),y);
% 定义经验 Copula 函数 C(u,v)
C = @(u,v)mean((U1 < = u).*(V1 < = v));
% 为作图的需要,产生新的网格数据
 = meshgrid(linspace(0,1,45));
% 通过循环计算经验 Copula 函数在新产生的网格点处的函数值
for i = 1:numel(Udata)
        CopulaEmpirical(i) = C(Udata(i),Vdata(i));
end
figure;
% 绘制经验 Copula 分布函数图像

```
surf(Udata,Vdata,reshape(CopulaEmpirical,size(Udata)))
xlabel('U');
ylabel('V');
zlabel('Empirical Copula C(u,v)');
% 通过循环计算 Copula 函数在原始样本点处的函数值
CUV = zeros(size(U(:)));
for i = 1:numel(U)
        CUV(i) = C(U(i),V(i));
end
Cgau = copulacdf('Gaussian',,rho_norm);

Ct = copulacdf('t',,rho_t,nuhat);
Cgum = copulacdf('gumbel',,paramhat1);
Cclay = copulacdf('clayton',,paramhat2);
Cfrank = copulacdf('frank',,paramhat3);
% 计算平方欧氏距离
dgau2 = (CUV - Cgau)' * (CUV - Cgau);
dt2 = (CUV - Ct)' * (CUV - Ct);
dgum2 = (CUV - Cgum)' * (CUV - Cgum);
dclay2 = (CUV - Cclay)' * (CUV - Cclay);
dfrank2 = (CUV - Cfrank)' * (CUV - Cfrank);
```

附录 B 经济资本测算的 matlab 程序

B1. 资产价值与资产波动率计算

```
d2 = 0;
d3 = 0;
d1 = 0;
vT = ;
sigmaV = ;
E = ;
varE = ;
sigmaE = sqrt(250) * sqrt(varE);
r = ;
gushu = ;
L = ;
D = L./gushu;
for i = 1:29
    for j = 1:13
        sigmaV(i,j) = E(i,j) * sigmaE(i,j)/(D(i,j) * normcdf(d2) * exp
        ( - r(i)) + E(i,j));
        d1 = d2 + sigmaV(i,j);
        vT(i,j) = E(i,j) * sigmaE(i,j)/(normcdf(d1) * sigmaV(i,j));
```

```
        d3 = (log(vT(i,j)/D(i,j)) + (r(i) + 0.5 * sigmaV(i,j) * sigmaV(i,
j)))/sigmaV(i,j) - sigmaV(i,j);
            if(abs(d3 - d2) < 0.0001)
                break;
            end
            d2 = d3;
        end
end
vT = vT'
sigmaV = sigmaV'
```

B2. 违约点与经济资本测算

```
pd = ;
a = norminv(pd);
miu = ;
V1 = ';
gushu = ';
c1 = ;
V0 = V1./gushu;
for i = 1:13
    for j = 1:28
        c1(i,j) = V0(i,j) * exp(a(i) * sigmaV(i,j) + miu(i,j) - 0.5 * sigmaV(i,j) * sigmaV(i,j));
    end
end
c1;
ec = (V0 - c1)./V0
```

附录 C 资本监管合规率测算的 matlab 程序

C1. 同 **B1** 资产价值与资产波动的计算

C2. 资本监管合规率的测算

```
l = ;
v = ;
s = ;
lamda = ;
miu = ;
sigma = ;
k = length(l)
pd = ;
for i = 1:k
    s(i) = l(i)/(v(i)*(1-0.0973*lamda(i)));
    y(i) = (log(s(i)) - (miu(i) - 0.5*sigma(i)*sigma(i))*0.5)/(sigma(i)*sqrt(0.5));
    pd(i) = normcdf(y(i),0,1);
end
pd;
rcr = 1 - pd;
```